河南省名校长
培育工程丛书

好校长会讲话

语言彰显魅力

朱丹 主编

河南科学技术出版社
·郑州·

图书在版编目（CIP）数据

好校长会讲话 / 朱丹主编 . —郑州 : 河南科学技术出版社 , 2020.8（2021.1 重印）
（河南省名校长培育工程丛书）
ISBN 978-7-5725-0076-3

Ⅰ . ①好… Ⅱ . ①朱… Ⅲ . ①校长—语言艺术 Ⅳ . ① G471.2 ② H019

中国版本图书馆 CIP 数据核字 (2020) 第 128242 号

出版发行：河南科学技术出版社
地址：郑州市郑东新区祥盛街 27 号　　邮编：450016
电话：（0371）65788613　65788685
网址：www.hnstp.cn
策划编辑：李喜婷
责任编辑：慕慧鸽　杨　莉
责任校对：徐小刚　吴贯一
封面设计：王莉娟
责任印制：张艳芳
印　　刷：河南博雅彩印有限公司
经　　销：全国新华书店
开　　本：720 mm × 1 020 mm　1/16　印张：14.5　字数：231 千字
版　　次：2020 年 8 月第 1 版　2021 年 1 月第 2 次印刷
定　　价：59. 00 元

序　言

好校长的炼成非一日之功

陶行知先生说：“校长是一个学校的灵魂，要想评价一个学校，先要评论他的校长。”校长的优秀程度，决定着学校发展的高度。

好校长的评价标准是什么？正确的管理理念，亲和的形象魅力，良善的人格品性，强大的课堂领导力，悲悯的教育情怀，等等。一个好校长有诸多的美丽侧面，侧面越多形象就越饱满。好校长不是“高大上”的圣人，也有一些不足和瑕疵构成了带有缺憾的“完满”。但是，我认为一位好校长还是要有最基本的几项优秀品质：个人的文化影响力，清晰的办学思路，感人的语言风格和明快的讲话策略，这些是校长在成长过程中达到某种程度的里程碑。

近年来，河南省教育厅陆续开展了六批中小学名校长培育工程，以造就一支有示范引领作用的专家型校长队伍为目标，以基础教育改革发展和实施素质教育为中心任务，对一批办学实绩突出、发展潜力大的优秀中小学校长进行重点培养，着力提升他们的理论素养、胸襟视野、科研能力、专业精神，促进其办学治校综合能力的提高，使他们成长为有重要影响力的杰出校长和领军人才，并带动和促进全省中小学校长队伍水平的整体提升，为河南基础教育事业快速发展和中原更加出彩发挥重要作用。

在校长培育的过程中，我们发现了一个重要且尴尬的问题：虽然教育理论的资料汗牛充栋，但深耕一线、具有真知灼见和实操经验的鲜活教材很少。市场上关于校长的图书中，适合河南本土乡情、校情、教情、学情的书并不多。

此次编印这一套丛书包括：《好校长有思路》《好校长会讲话》《好校长重影响》。作者都是河南各地有些名气的一线校长，他们把实践中的所遇、所为、所想以及经验和教训进行总结提升，写成了可读性强、贴近性强的文字。我们把它们进行梳理，整合成了一个系统性的校长教材。这套书既能够拿来就用，又能够为校长的中远期发展提供不竭的续航动力，希冀对广大校长起到启发、借鉴的作用。

在《好校长有思路》一书中，可以看到校长普遍关注着办学目标、办学理想以及怎样实现的过程。实现的过程有诸多的思路，建好一支管理队伍、班主任队伍、教科研队伍、教师队伍、心理家教队伍，无疑是一条条重要的思路。而知人善任、人尽其才正是一位好校长的基本标准。这在义务教育阶段实行教师队伍“县管校聘”管理改革的当下有着特别的意义！

《好校长会讲话》这本书让大家有一个别开生面的新鲜感，这类书在书籍丰富的今天还不多见。时代发展了，民主办校、家校联治成为校长办学的共识，与学生的交流，与家长的交流，与社会的交流，成了校长难以回避的主要工作内容之一。怎么讲？讲什么？讲的初衷和效果怎样？都是校长们思考研究的问题。这本书从精选的校长讲话实战出发，为读者全景呈现了中小学、幼儿园校（园）长在不同场合、面对不同对象时的讲话案例。以校长怎么讲话来编写一本书，着实弥补了河南中小学校长培育的一个空白。

大家对河南教育的感觉似乎是默默无闻。河南没有好学校吗？河南没有好校长吗？带着这种思考，我们还编写了《好校长重影响》一书。教育是“一棵树晃动另一棵树”，说出了教育的本质就是影响力。影响力既是宣传策划、活动安排、平台建设、媒体利用等，更是一种文化的建设和道德感召力。我们不能把影响力看成是涂脂抹粉、沽名钓誉，它既是善美的弘扬，真理的传播，又是和社会、大众的沟通交流。

这三本书各成体系，从不同侧面呈现了校长身上必须具备的修养和素质。这套丛书从办学理论与实践结合之处切入，为中小学校长修行为“好校长”提供了一条有借鉴价值的路径。本套书的出版使我省中小学名校长培训有了专用书，希望读到此书的同志多提宝贵意见，为本套书的提升和再版一起努力。

本套书的出版，得到了河南省教育发展基金会的大力支持，在此深表感谢！

朱丹

2020 年 7 月

目 录

有内涵——讲话专业方显水平

接地气——讲话通俗方有人气

校长讲话怎样才能接地气

优秀案例及解析

追热点——讲话活泼方出亮点

讲话怎么跟上当下热点

优秀案例及解析

有故事——讲话有料方显趣味

怎样让讲话具有故事性

优秀案例及解析

有金句——讲出特点方具魅力

有内涵

——讲话专业方显水平

讲话的内涵表现在哪里

杜伟强 许昌实验小学校长

中国教育学会小学教育专业委员会学术委员会副主任、中国人生科学学会县区教育专业委员会常务副理事长、河南省教育学会小学教育实验研究专业委员会常务副理事长。享受国务院政府特殊津贴专家，河南省劳动模范，中小学名校长领航班学员。

动真情、善选择、有风格

会讲话应该是校长的一项基本功，也是分享观点、交流思想、结交朋友的重要方式。成功的讲话不但能让听众获得更多有益的信息，而且还能够鼓舞人心，引发大家对相关话题的持续思考，进而产生行动的力量。

一、呈现真情实感，拉近交流距离

2019 年 10 月 13 日至 15 日，教育部中小学名校长领航班学员代表，受教育部教师工作司委派到四川省凉山彝族自治州西昌市教育交流。凉山彝族自治州（以下简称凉山州）是中国最大的彝族聚居区，位于四川省西南部川滇交界处。虽然凉山州享有“万紫千红花不谢，冬暖夏凉四时春”之誉，但实际上是国家级连片贫困地区。面对当地校长同行，如何变支教为学习、交流、分享，着实考验着我们中小学名校长领航班学员的智慧。

在第一天见面会上，我代表中小学名校长领航班学员作了发言，首先从熟悉的话题入手，先问候老师，又问候当地校长同行，最后再问候领导，以此表达对一线教师、校长的尊重，以便融洽关系、拉近彼此之间的距离。

当时，我这样讲道：

我来自河南省许昌实验小学，我叫杜伟强，我代表教育部第二期中小学名校长领航班小学校长培训中心的诸位学员说几句，不妥之处请各位同行批评指正。

昨天（10月12日），我在成都的“2019年全国小学校长学术峰会”上结识了一位东部沿海的校长，当我介绍我来自三国古都许昌时，那位校长非常认真地回答：“啊，我知道，是中国著名的航天城，在四川。”那位校长的回答让我哭笑不得，足见西昌的知名度。当然，这可能是那位校长因我普通话发音不准而产生的错听！

今天我终于见到了美丽的大凉山的芳容——灵润、多彩、质朴、秀美，的确是来一次还想再来下一次的神奇的地方。

我接着直抒胸臆：

我们一行不是来支教的，更不是来扶贫的，而是来感谢、祝贺、学习、分享交流的。感谢教育部小学校长培训中心和凉山州西昌市提供的宝贵的交流机会，让大家有缘在这里相聚！祝贺凉山州西昌市在全面贯彻党的教育方针、落实立德树人根本任务方面所取得的丰硕成就！向大凉山的同行们学习、致敬！

接下来，我有感而发，分享了自己对当下教育现状的担忧与思考：

新中国成立七十年、改革开放四十余年，中国教育成就举世瞩目，但教育发展不平衡、不充分、质量不高的现实仍突出存在。

全国大约有小学近20万所，那就是有校长近20万个，教育部中小学名校长领航班小学校长两期全国不过六七十名，这里有我的同学、令人敬重的知名教育家、重庆市谢家湾小学的刘希娅校长（教育部中小学名校长领航班同期的学员），中国教育的确需要这样优秀的校长群体先行一步来开疆拓土、发挥引领作用，但更需要千千万万、普普通通的校长们成为小学教育忠实的坚守者、实践者。

发达地区的教育资源充足甚至过剩，但不少地区的教育资源极其贫乏，教育欠账太多，教育的话语权亟须加强。诸多因素严重制约了经济、社会的健康有序发展。

教育远没有文字中的写写、读读，屏幕里的听听、看看，台子上的说说、讲讲那么光鲜、从容。

教育需要回归，教育需要教育者的智慧、勤奋、担当。

全面理解教育质量。学生全面而有个性的发展是质量，教师对教育的认同感、归属感、成就感是质量，让学校成为每一个村镇、社区的文化中心也是质量。

学校教育远没有那么复杂，只是我们在研究教育现象、教师、课程、课堂时忽视了对学生的尊重。教育是人文、科学与审美的完美结合，需要我们用科学与人文的视角来观察这个世界、研究分析当下的教育，并着力改变教育的现状。

讲到这里，我放慢语速、压低声音、有感而发：

我有一个请求：我想与大凉山的朋友们来个约定，与大凉山家里有小学生的10个家庭建立联系，让许昌市、西昌市两地的师生、家长共同成长，分享许昌市、西昌市“两昌”不同而精彩的教育故事。请求大家帮个忙！

我对这次发言记忆较深。这次发言既有对之前的思考，也有即兴发挥，时间不长却赢得了台下多次掌声，让我感受到了彝族地区乡亲们的热情、朴实与善良。发言内容成为此次支教活动中热议的话题。

二、注重信息选择，凸显专业表达

我参加的活动大多与校长身份有关。2015年10月12日至13日，全国小学校长大会在湖南长沙举行，大会由中国教育学会、湖南省教育厅、湖南省长沙市人民政府主办，中国教育学会小学教育专业委员会承办，主题是“为了每一个孩子健康快乐成长——聚焦管理创新”。

作为中国教育学会小学教育专业委员会学术委员会的一名副主任，我被安排到一个分会场做点评嘉宾。分会场设在一所小学的礼堂里，面积不大，但装饰清新、高雅、别致，彰显了校长的良苦用心。在这样的地方，面对来自全国各地的近百位优秀小学校长，我应该传递一些什么信息呢？校长们有什么困惑呢？他们愿意听到什么样不同的声音呢？在分会场论坛结束时，我根据前面几位校长的发言和大会主题，结合现场气氛做了点评：“一路走来，我们相信行动的力量，也让我们清醒地认识到教育其实并不简单，教育也不应该这么简单。”

针对发言校长过分夸大自身作用、强调“投资至上”、办学主体模糊等倾向，我表达了自己的观点：

> 行动促使我们对学校教育的一些话题必须重新思考。
>
> 校长固然很重要，但作用在逐步弱化，影响力在逐渐衰减，而师生的自主性、创造性在逐步上升，教师文化正在悄然地自我觉醒。这是现代教育的必然发展趋势。
>
> 学校是什么？就小学而言，学校就是为学区内的适龄儿童提供服务的地方。这个学校是否在全国知名并不重要，在当地有名或者省内知名足矣。
>
> 规模效益是经济术语，大可不必用在教育领域。让学校做强做大是无稽之谈。质量效益才是真教育。
>
> 富丽奢华的校园、千奇百怪的理念、五花八门的课程、眼花缭乱的策略，“一校一品”（指学校在传承办学历史与优良传统的基础上，结合教育改革发展的形势，形成自身的办学特色品牌）、“特色立校”的盲从，军营式、监狱式的管理等理念与模式，如雨后春笋，让人目不暇接。这不是真学校，这是对真教育的背弃，使教育、学校、教师、校长甚至家长与我们的孩子渐行渐远。
>
> 有教育的地方就有教育问题，有教育问题就需要教育改革。教育的所有改革，都必须为达成教育之目的而展开，这是教育改革的

逻辑起点。教育之目的在于培养学生养成以个人发展和终身学习为主体的核心素养，让每一个学生认知生命的存在，思考其存在的意义。

放慢脚步，关注每一位学生的生活状态与生命本质，理清教育过程中主体与客体的对立与统一，把握每一位生命个体的存在价值与未来人类社会发展的相互关联。这才是教育的真问题。

教育永远没有尽善尽美，教育亦不需要尽善尽美。教育解决不了教育过程中的所有问题。教师也成不了人伦之至。教育是生活、是过日子，急不得、慢不得、停不得，更折腾不得。

小学6年，比任何学段的时间都长，我想自有它的特殊性，那就是：为每一位学生的身心发展奠基，为每一位学生的终身学习奠基，为每一位学生走向社会奠基。

教育家陶行知先生说过：

国家把整个的学校交给了你，你就要用整个的心做整个的校长。

老百姓把孩子送进了学校，便在不知不觉中把整个家庭托付给了学校。

这两句话永不过时。

让我们共同努力：做整个的校长，做真心的老师，办真正的教育。

这就是学校存在的价值，这就是我们今天相聚的价值。

三、讲述亲身经历，自建话语体系

讲话事实上是校长每天的必修课。从多讲到善讲，通过对亲身经历的讲述，体现真情实感，不断锤炼个性表达，逐步形成自己的讲话风格和话语体系，让听众听后还想听，听完后产生反思的冲动、行动的力量。

2019年是中华人民共和国成立七十周年，2019年11月2日是许昌实验小学建校六十周年纪念日。“我的祖国、我的学校、我们的家”庆祝大会在许昌市许都大剧院举行，会场1300人座无虚席，受邀参加活动的有来自北京的专家、省内的名师和名校长代表、许昌市社会各界的朋友、学生家长、学生、教师代表等。嘉宾落座、音乐奏响、聚光灯闪亮。你一个人站在舞台正中央，告诉自己："我就是主角，这就是我的战场。"

我脱稿做了一次演讲，摘录几段如下：

一个学校的气质到底是什么？我们的回答是：人文、科学与审美的融合。它需要我们用人文、科学与审美的视角来观察这个世界、洞察当下的教育，并以这样一种力量来改变教育的现状。

善良、爱、真诚、尊重、包容、合作、勤奋、尊严、和谐是几代"实验人"（许昌实验小学的教育者）的文化传承，是我们的精神基因。

我校共有离、退休教师和工人79位，他们是学校最为宝贵的财富，因为身体原因，今天受邀到现场的只有33位，我借此机会向他们表达最崇高的敬意！同时，向每一位为教育倾注心血的人致敬！

因为我们始终坚信：你能够回望多远的历史，你就能走向多远的未来！

我还要讲到一位已故去的长者杨泮遂老师，在他生命的最后一段时间，他叮嘱家人一定要带他到校园看上最后一眼，在看过美丽的校园后，他颤颤巍巍写下《调寄·天净沙》：银杏红枫木瓜，小桥流水环家；曲径假山瀑布，九曲溪下，金鱼扬波撒花。

求真、理性、专业、学术、创新、探究是我们探寻学校发展、师生成长的核心密码。

国家课程标准从"双基"(基础知识与基础技能)到"三维目标"(知识与技能、过程与方法、情感态度与价值观)，从关键能力到核心素养，我校坚定不移落实党的主张、体现国家意志、进行适合教育的校本化解读，60年来从未停止过用科学的精神探索科学真理的步伐：从学校"三级中心"的提出到"三主原则（以学生为主体，以教师为主导，以训练为主线）、四鼓励精神（鼓励学生质疑，鼓励学生求异，鼓励学生辩论，鼓励学生有创见）、五结合方法（引导读、启发思、组织议、点拨讲、指导练）"的落地，从"主体多元、合作探究"课堂教学模式到"以单元学习促进小学生生长性学习的课堂教学研究"——这是一种玉汝于成、追求教育本真的力量！

在此向教育教学一线的各位老师、工人师傅们致敬！

张淑芳是一位年轻的老师，她今天作为观众应该就在现场。她患有严重的类风湿，尽管双手变形不能写字和使用筷子，可她依然要坚持上班，一定要天天看到学生。她说，见到学生，自己的身体就会好受些！从她身上我们看到了一种生长的力量，忠诚、爱、责任的力量！

我们的校训是做真人、办实事，就是要做真实的人，做真诚的人，做追求真理的人。让人文、科学、审美的力量在校园里永驻，在每一位实验人的心中闪亮。

习近平总书记指出：一个时代有一个时代的主题，一代人有一代人的使命。我们"实验人"一定要不忘教育初心，牢记育人使命，坚守伟大事业，努力创办让党放心、让人民满意的学校！

演讲完毕，场下无声，我眼中噙满泪花，这是我人生中难忘的一次讲话。

许昌实验小学是我生活工作了33年的地方，生活在这里的几代"实验人"或是我的父母、弟妹，或是我的兄长。校园就是他们的家园，立德树人的使命就是他们的生命，这里的一草一木、每一寸土地、每一间教室就像儿时玩伴们藏猫猫的地方，熟悉而亲切。

孙群杰 驻马店市实验中学校长

先后打造出驻马店市第八中学、驻马店市实验中学两所名校，实现了弱校变强校和新校创品牌的两次跨越。他应邀在省内外做教育管理方面的讲座上百场，深受一线教师和校长们欢迎，有广泛的社会影响力。

浅谈校长讲话的丰富内涵

校长讲话，是学校的一项日常活动，也是校长的一项常规工作。作为一校之长，讲话的水平和特点，体现着校长的工作能力和治校风格，所以，校长的讲话一定要有专业性，要有丰富的内涵。我认为，校长讲话要有以下几个特点：

一、校长讲话要有方向有思想有理念

在中小学校长的专业标准中，第一项就是“规划学校发展，营造育人文化”，这体现了校长对学校的价值领导，坚持社会主义的办学方向，符合当前教育的发展方向，是校长讲话要把握的主要方向。

中国共产党在中国革命的各个历史时期，对教育提出了不同的发展方向。在革命、建设、改革的过程中，党的教育方针经历了马克思主义中国化理论与教育实践相结合的长期探索，充分彰显了党关于教育事业的初心与使命，在不同历史时期发挥了极其重要的导向作用。党的十八大提出的中国共产党的最新教育方针为：坚持教育为社会主义现代化建设服务、为人民服务，把立德、树人作为教育的根本任务，全面实施素质教育，培养德智体美全面发展的社会主义建设者和接班人，努力办好人民满意的教育。这是我们新时期办学的基本方向，是我们学校所有工作的基石，校长在讲话中一定要贯彻这个方向，让学校沿着这个方向开展各项工作，让学生沿着这个方向学习和成长。

正如江苏省徐州高级中学校长秦晓华在学校举行的十八岁成人礼及高考誓师大会上发表的讲话：

> 同学们，今天既是成人仪式，也是高考誓师。“行百里者半九十，此言末路之难也。”现在是黎明前的黑暗，是最后一公里，也是最难熬的、孕育各种变数的一段时光。不过，同学们不要害怕、不用担心，我们会始终陪伴在你们身边。看看你们的母亲。她们曾娇嫩如花，手不能提，肩不能扛，然而为了你们，她们忍受了多少痛苦，经历了多少磨难。有位母亲写道：“自从有了娃，手机改调静音了；自从有了娃，出门已经不顾形象了；自从有了娃，已经和懒觉说拜拜了。总之有了娃，我都快成奥特曼了。”是什么让母亲们变得如此坚强？是她们对子女的爱。母亲们的身教告诉你们：所谓成人就是要意识到自己肩上的责任。《约翰·克里斯多夫》结尾有一段话：“天又黎明！黑沉沉的危崖后面，看不见的太阳在金色的天空升起。快要倒下来的约翰·克里斯多夫终于到了彼岸。于是他对孩子说：‘咱们到了！唉，你多重啊！孩子，你究竟是谁呢？’孩子回答说：‘我是即将来到的日子。’”
>
> 我们要对每一个日子负责，过好每一天，如此，我们平凡的生命便有了非凡的意义。我们要珍惜当下，肩负起自己的责任。我们有责任通过自己的努力，变得更加刚毅坚卓，变得更加高尚，变得更加勤勉，让我们的人生活出别样的精彩，为我们的国家和社会贡献出自己独特的价值。

秦校长的这场讲话，既**动之以情**，又**晓之以理**，既是对即将成人和步入高考的学生们的谆谆教诲，也是让他们肩负国家和民族大任的叮咛和鼓励。

二、校长讲话要看对象分场合

校长讲话的对象，大多是学生和教师，也有时候是学生家长，校长讲话时一定要看清对象，根据不同的对象来组织语言。

学生是学校受教育的对象，校长在他们心目中就是权威和规则的代表。所以，在面对学生的时候，校长的讲话既要亲切和蔼，又要循循善诱；既要严格要求，又要宽容大量；既要高屋建瓴，又要明确具体；既要有肯定表扬，也要有批评矫正。校长在讲话中不能高高在上，而要结合学生的学习和生活实际，切忌高谈阔论。

面对教师的时候，校长的讲话有可能是对学校发展的分析和论述，也有可能是对学校工作的总结和安排。作为一校之长，校长的讲话要站在学校发展的高度，不可过于具体和烦琐，要帮助教师看清工作的方向，也看清存在的问题，既要对大家做出的成绩及时提出肯定和表扬，也要对存在的问题及时指明改正的方向和办法。校长对教师的讲话，要学会换位思考，既不能不痛不痒当老好人，也不能高高在上地教训人，更忌讳翻老账、算旧账地批评人。

面对家长的时候，校长就是一个学校的形象代言人，校长的讲话要体现学校的办学思想、宣传学校的办学成就，更要指导家长更新观念，与教师做好配合，形成教育合力。校长要以一个教育合作者的身份与家长平等对话，切不可对家长抱怨和指责。

我曾在几年前的毕业典礼上讲过这样一段话：

> 三年前，是我亲自把你们迎进学校的，刚才播放了校园电视台制作的《毕业季》，一开始的那段视频，是你们三年前手持录取通知书，第一次以驻马店市实验中学（以下简称实验中学）的学生的身份进入校园。这段视频，我保存了三年，而且经常拿出来翻看，我永远记得当时远远望着天真的、懵懂的、东张西望的、满脸欣喜的你们一路狂奔涌进校园，我曾暗暗告诉自己：为了你们家长的这份信任，为了你们这群可爱的、充满无限可能的生命，我和我带领的实验中学一定要竭尽所能给你们一段最美的中学时光。

于是三年里，我无数次站在路口，陪你们走过每一个晨昏。看到你们背着书包欢快地踏进校门，那是我一天幸福工作的开始。当你们结束一天紧张的学习离开校园时，我的目光又总是在你们的脸上探寻。作为校长，我想知道你们在学校的这一天，学习紧张吗？过得快乐吗？三年如一日的午餐一定不太可口，你们能够吃饱吗？我既想让老师们对你们严格要求，好让你们每个人都有一个优秀的成绩，但又担心太重的学习压力使你们再没有其他的爱好。孩子们，初中三年，真的是你们一生中成长的关键。你们的家长、你们的老师，多少次苦口婆心、谆谆教诲其实就是想让你们不走邪路、少走弯路，有一个幸福的人生。就像我每天看到你们经过红绿灯路口时常常会想：在你们人生的每一个十字路口，什么时候该走，什么时候该停，哪个方向是你们可以义无反顾勇敢往前冲的，而又有哪个方向是你们无论有多大诱惑都要清醒地停下脚步的。孩子们，你们明白吗？你们要学会努力和坚持，更要学会选择和拒绝。走出实验中学的你们仍旧是孩子，你们在老师和父母的眼中永远都是孩子。我们的爱，常常表现为一种担心、一种不放手，也许你们现在还难以理解，还会觉得老师和父母有太多的说教让你们不堪忍受、不胜其烦，但终有一天，你们会理解这份苦心，懂得这份深情。没事儿，这都是成长中的烦恼，欣喜的是你们已经在和父母、老师的“斗智斗勇”中渐渐长高、渐渐长大。

这段毕业典礼上的讲话因为结合学生在学校学习生活的实际，还原了好多平时校园的场景，所以非常接地气，感动了在场的所有学生和家长。

三、校长讲话要懂法律按政策有分寸

依法办学是对学校的基本要求，这就要求校长首先要知法、懂法、守法，而国家对于中小学工作的各种方针、政策，更要求校长首先要遵守。学校对各种政策的执行，要体现在校长讲话之中。

而在实际工作中，经常有个别校长在讲话中比较随意，觉得自己是学校的最高行政领导，学校的一切都是自己说了算，想用“人治”来代替“法治”，所以在对学生讲话时动不动就说如果学生违反了他的要求就要开除学生，对教师讲话时爱说“今天工作不努力，明天努力找工作”。其实，国家对于学生的学籍管理和教师的职务聘任都有明确的要求，特别是义务教育学校，要对学生开展耐心细致的思想工作，根本没有权力开除学生；对于教师的聘任，也有相应的规章制度，不经过学校教职工代表大会的表决，是不可以随便解聘一个教师的。**一个合格的校长，讲话时一定要符合法律的规定和政策的要求；一个优秀的校长，讲话时一定要把握好分寸，不随意夸大事实，不把话说满，给自己和学校留足余地，留够发挥和取舍的空间。**喜欢独断专行搞“家天下”的校长，往往会喝下自酿的苦酒，自作自受。

四、校长讲话要动感情用真情有情怀

以情感人，永远是校长讲话的不二法宝。校长和学生、教师朝夕相处，在同一个校园里工作、生活和学习，结下了深厚的师生情、同事情；校长和家长之间既是教育方与受教育方的工作关系，也是共同配合、相互支持的合作关系，几年下来也应该结下了深厚的友谊。所以，在校长的讲话中，一定要体现这种感情，渗透这种感情，只有饱含真感情的讲话，才会感染人、打动人，引起反应和共鸣。

校长讲话中的情，不是空洞的说教，不是夸张的抒发，而是发自内心的真情。作为教育工作者，特别是作为教育的领头人，校长要对工作高度投入，对学生和教师充满热爱和关心，只有一个对教育事业付出了真情的人，才会得到广大学生、教师和家长的爱戴，他的讲话才会体现出“言为心声”，才会收到振聋发聩的讲话效果。

伟大的人民教育家陶行知认为，一个好校长就是一所好学校。校长是学校的精神领袖，是一个学校的灵魂。在目前的中小学管理体制下，校长虽然不能决定学校的一切，但校长的情怀却能影响一所学校的发展，学校发展的好坏，与校长有直接关系。一个热爱教育，愿意把一生都献给教育事业的校长，自然会倾其心、尽其力，自然会淡泊名利、为师生做贡献。校长在讲话中，也要把自己的情怀表达出来，唤起全体教师的教育激情，激发他们的工作干劲；校长的情怀也能够打动学生，使他们从校长的讲话中汲取学习的动力，激发他们的家国情怀。

如深圳中学的朱华伟校长在2020年春节新型冠状病毒肺炎疫情后复课的全校大会上对学生讲话中谈道：

> 病毒肆虐、举国遭难，当无数人远离武汉，逆行的白衣天使们却开始汇聚于江城（武汉的别称）。他们就像听到冲锋号角的战士，毅然加入与死神的搏斗之中。他们是王兵、冯效林、江学庆、刘智明、李文亮……他们出征，他们奋战，他们牺牲，正如他们的无数前辈在灾难中冲锋陷阵一样：那是1950年的抗美援朝、1976年的唐山地震救援、1998年的全国抗洪抢险、2008年的汶川地震救援……他们是一代又一代共和国的脊梁；他们超脱一人生死，毕其精力一肩以扛；他们将只愿国家早日安定的大义情怀化为希望之光，带领中国人民一次次走出黑暗，在非常时期彰显了华夏儿女的爱国情怀与忠诚担当。
>
> 回顾近代中国史和近百年党史，爱国与担当始终是中国有志青年的不变之魂。新中国成立之初，一穷二白、百废待兴，仅用一年多就获得博士学位的邓稼先，毕业当年毅然返国。虽因长期近距离接触核辐射使他身患直肠癌，但他仍对妻子说：“假如生命终结后可以再生，那么，我仍然选择中国，选择核事业。”在邓稼先的心中，祖国始终重于千钧。
>
> 同学们，基辛格在《论中国》中说过：“中国人总是被他们之中最勇敢的人保护得很好。”当下一次国家和人民需要的时候，希望你们也能做那个最勇敢的人，保护好身边的人，保护好我们的祖国；希望你们也像无数前辈那样，有勇气成为时代的逆行者，有底气扛得起一个民族。

朱校长的这段讲话结合实际，引用了大量鲜活的人物和事例，弘扬了家国情怀，彰显了爱国担当，对学生起到了很好的教育作用。

常言说：“台上一分钟，台下十年功。”**校长要想讲好话，一定要加强学习、注重积累、勤于思考、及时总结**，这样才能不断丰富讲话的内涵，提高自己的讲话水平，让学生、教师和家长听得懂、听得进、乐意听、喜欢听，这样的校长讲话也才能体现一个优秀校长的素质、能力和水平。

郅广武 郑州市第八中学校长

中学语文高级教师，中国教育部信息中心中国教育发展网理事，郑州市人民政府教育督学。河南省中小学名校长，河南省教育厅优秀管理人才，河南省五一劳动奖章获得者，河南省教育系统优秀工作者，河南省教育厅学术技术带头人。

讲话专业方显水平

教育界有句名言：“一个好校长就是一所好学校。”对此，见仁见智，但却见得一个校长对于一所学校发展的重要性。一位校长先进的理念、科学的管理、正确的决策、正派的作风，对于一所学校的健康发展、教育质量的提高无疑具有重要的作用。

一所学校尤其是中小学，校长讲话相对而言较为频繁，所以会讲话对校长而言就格外重要。中国有句古话“言为心声”，一个校长的言语（讲话）往往是一个校长办学思想、办学理念、教育精神、个性特点的直接反映。

好校长会讲话的关键在于讲话要有内涵。**什么才是校长讲话的内涵？我国的好校长内涵有六个方面的标准：一是坚定的政治信念、严肃的思想作风、踏实的工作作风、崇高的精神境界、高尚的道德情操；二是较高的文化业务素养，能够研究办学规律，掌握专业知识；三是较强的组织领导管理能力；四是高度的事业心和责任感、不懈的进取精神和创新精神、坚强的意志品质和积极的情感；五是心中装着教师和学生，经常与教师和学生进行心理互置，多为教师和学生着想；六是先进、科学的办学思想及卓有成效的办学实践。**

就好校长的内涵体现于学校师生、社会人员而言，最直接的方式就是讲话，大、小场合的校长讲话就是彰显校长的内涵和专业的最好平台。

一、讲话有立场，政治觉悟高

培养什么人，是教育的首要问题。我国是中国共产党领导下的社会主义国家，这就决定了我们的教育必须把培养社会主义建设者和接班人作为根本任务。校长是一所学校的负责人，更是党和政府教育政策的代言人和实施者，肩负着为国家培养与输送合格、优秀的建设者和接班人的重任。所以，好校长的讲话无论在什么场合首先要有坚定的政治立场，旗帜鲜明地支持党和政府制定的各项教育方针政策，能够结合所在区域和学校的教育发展特色为广大师生本土化解读党和政府制定的各项教育方针政策，并带领广大师生贯彻落实党和政府制定的各项教育方针政策。

2018年，我在全校党员大会上号召郑州市第八中学（以下简称郑州八中）党员教师要做到“三讲”——讲政治、讲学习、讲正气。现摘录部分如下：

1. 讲政治。共产党员必须讲政治，不讲政治就不会保持清醒的头脑，就会迷失政治方向。加大课改教学的研究，努力提升教学质量、管理水平、专业素养，能示范、敢领先，发挥党员模范效应，这就是讲政治。党员要能吃苦、肯干事、敢创新，在现实生活中要做到“见困难就上，见荣誉就让”“把方便让给别人，将困难留给自己”“吃苦在前，享受在后”“先公后私，大公无私”。在任何场合，党员就是楷模，是群众学习效仿的榜样。

2. 讲学习。对党员教师讲学习，一能提高思想境界，二能提高工作的本领。党员教师讲学习，具体要做到：加强理论学习，多听课评议、多看书摘记，做学习的能者、做实践的行家，成为满腹教改经纶、颇具涵养修行的教师。要先人一步抓学习，高人一筹干工作。做到：思想上高素质、业务上高技能、人格上高信誉。无论是从事教育教学工作，还是从事管理服务工作，都要做到精通业务，优质高效，追求做得最好、业绩一流。对党员教师讲学习：一是要有好人品，二是要有好本领。这样，才能适应形势的发展、工作的需要。

所有党员教师在政治上要成熟，要按党员的标准要求自己，不断地学习，不要吃老本，不能放松对自己的要求，要接受新事物、新观念，要与时俱进。党员教师还应当在业务上发挥“传、帮、带”的作用，积极主动地帮助其他同志共同进步。每名党员都要成为大家信得过的贴心人，以自身的人格魅力感召群众、感动群众，在工作、学习和社会生活中发挥先锋模范作用。

3. 讲正气。人人都要讲正气，党员更要讲正气。只有一身正气，才能办事公道。这就要求：党员干部不得搞小团体，不得耍阴谋，不得阳奉阴违，不得乱发牢骚，追求光明磊落，倡导批评与自我批评。

二、讲话有情怀，教育理念新

校长的身份不管再多，位于第一位的都是专业的教育工作者，而且是教育工作者中的佼佼者，更是一所学校教师队伍专业发展的带头羊、领头雁，一所学校的发展的优劣说到底在于学校的教育教学质量的高低。教育教学质量绝不仅仅表现在教学成绩上，更多地体现在学校有发展、教师有进步、学生有成长上。所以，**会讲话的好校长应该以学校的教育、教学为核心，通过讲话在广大师生中确立、强化学校的整体发展体系、办学理念、校园文化等，引领教师关注学生成长和自我的专业提升，影响、帮助学生及其家长树立正确的人才观、教育观，用讲话辐射、带动整个社区甚至某一区域的教育教学。**

我常说：“**一所学校就像一棵大树，树根就是咱们的教师，根深才能枝繁叶茂。**只要学校的教师思想纯、业务精、肯钻研、乐奉献，郑州八中定会为社会培养、输出更多更优秀的社会主义接班人！郑州八中成为中原名校亦指日可待。”为此，我常深入教学一线，聆听老师们的教育经验和教育困惑，常与老师们一起探讨教育方法和教育理念。

三、讲话有智慧，干部提升快

校长是一所学校的第一责任人，是学校的管理者，是学校师生的表率，更是学校所有干部的精神风向标。校长的言行举止在潜移默化中影响着学校教师尤其是学校干部的作风做派，甚至决定着一所学校的风气。一所学校的风气对这所学校的现状和未来有着不可忽视的影响，而学校风气的关键因素在于干部作风。

我觉得，学校的干部是最需要学习、最需要教的一类人。只有干部思想正、言行端，学校才会形成上下一盘棋的思想，郑州八中才能集中力量谋发展。所以校长讲话就是引领、引导、提升干部端正思想、树立良好作风的重要途径。为了学校的班子建设和干部素质的稳定提升，我特意安排每周四上午召开全体干部都要参加的行政会。在干部的引领方面，我希望老师们把我当成一位长辈、一位朋友、一位班主任、一位导师。

在谈到学校教育时，我常对干部说“做教育首先要有一颗同理心，面对学生和家长要经常念叨两句话‘假如我是孩子，假如是我的孩子’”；在谈到干部的担当时，我会说“遇到问题，只想别人就疯了，多想自己就通了”；在谈到干部要学会说话、学会巧妙应对时，我说“好言一句三冬暖，恶语伤人六月寒”“张口之前先动脑，心存善良错不了”；在谈到孝道时，我经常与大家交流“孝顺父母是一个人安身立命的基本”，讲到动情处就带领干部们一起诵读弟子规；等等。

四、讲话有影响，同行受启发

一个好校长就是一所好学校！此话虽见仁见智，但足以见得一个好校长的重要性，所以培养一批校长使其成为好校长，成了很多地市教育发展的热点。作为郑州市名校长工作室的主持人，我的一些讲话可能会对郑州市的一些校长产生一定的影响。因此，每一次交流讲话时，我力争让话语更专业，不遗余力地向同行传递教育的正能量，带动中小学校长队伍素质的整体提高，推动教育科研发展，促进教育均衡发展，实现“专业引领、实践探索、共同发展”，建设一支适应现代化教育发展需要的高素质的名校长队伍尽心尽力。

2018 年，我曾在郑州市名校长工作室成立仪式上这样说：

> 独行快、众行远，共建共享是工作室不变的理念。郑州市名校长工作室的成员来自不同的学校，各个学校的实际发展状况不同，

各位校长的个人优势也有不同。郑州市名校长工作室在发展的过程中，坚持以问题为导向，倡导各位成员各施所长、各尽所能，通过合作共享的方式，成就自己、优秀团队、辐射区域，打造“有热爱教育的定力，有家国天下的情怀，有淡泊名利的坚守”的名校长团队，以此助推整个郑州教育，实现互帮、互助、互补的良好生态，为郑州教育发展贡献更大的力量！

在2019年的河南省名班主任的研讨会上，我也曾和大家分享了这样一段话：

一个校长，虽然无法改变浮躁的社会文化，但可以影响并建设一个宁静、充满学术氛围与理想追求的校园；一个校长，虽然难以革除当下的教育弊端，但可以有自己的行走方式与管理风格，以一个真实、充满热爱的职业工作者的激情去影响周围的人！

五、讲话有特点，个人风采扬

一个会讲话的好校长一定是一个会讲自己的话、会自己讲话的校长。能做到讲话个性飞扬、辨识度高、特点突出，而不是人云亦云、鹦鹉学舌。

我们要有深厚的国学功底，在讲话中能将古诗文中的经典语句信手拈来、脱口而出，比如讲到干部要多为老师服务分忧时说“勿以恶小而为之，勿以善小而不为”，比如讲到人要学会敬畏时说“古人云：畏则不敢肆而德以成，无畏则从其所欲而及于祸。人一旦没有敬畏之心，就会肆无忌惮、为所欲为，甚至无法无天，最终自酿苦果、自食其果。其实我们的祖先并不缺这样的文化：孔子云，‘君子有三畏：畏天命、畏大人、畏圣人之言’；《菜根谭》亦说，‘自天子而至于庶人，未有无所畏惧而不亡者也’。”我们的讲话中要时刻都有听众、有交流对象。

会讲话的好校长的那些饱蘸人文底色思考、分享人生处世智慧、倡导社会责任的致辞是校园相册里永恒的一笔。“罗马不是一日建成”，同样，一个会讲话的好校长也不是一蹴而就的，除了先天的因素，更多的是后天的不断学习与实践。“言必行，行必果”，会讲能做才是当好一位校长的硬道理、真本事。

优秀案例及解析

朱丹 中国教育学会副会长

河南教育学会副会长，国家督学，享受国务院政府特殊津贴专家，郑州一中原校长，河南省普罗基础教育研究院院长，郑北一中总校长。

幸福就是天天向上
——2016—2017 下学期开学典礼致辞

“幸福”一词像“爱情”两字一样，永远是人们思考不透、追求不止、谈论不厌的话题：古人谈、今人谈、中国谈、外国谈、官方谈、百姓谈、坊间谈、讲台谈。哈佛大学有一门幸福课，教室里听课的学生座无虚席，是哈佛最热门的课程之一。这个现象说明了人们对幸福向往和追求的过程中挣扎着对幸福的困惑和思考。

幸福是什么呢？我们且不回答这个问题，我们先讨论三个值得咀嚼的问题。化用托尔斯泰在《安娜·卡列尼娜》中的一句名言：幸福的生活都是相似的，而不幸的生活却各有各的不幸。度过了冬夏春秋，走过了千山万水之后，岁月沉淀了认知。

幸福第一个值得咀嚼的问题，就是幸福的内容都是一样的吗？农耕时代的幸福和信息时代的幸福相同吗？战乱频发年代的幸福和歌舞升平年代的幸福相同吗？显然不同！**当物质基础不同，政治环境不同，人们的期盼和满足就不会相同。**从尧舜到改革开放，农耕时代在中国是一段漫长的日子。记得小时候过年是最幸福的时光，新衣、白馍、肉菜、爆竹成了孩子们的快乐和难忘。后来上学加入了少先队，知道了共产主义理想这个词，大人说共产主义理想，就是土豆烧牛肉，就是楼上楼下，电灯电话。而今这些过去遥不可及的东西变成了生活的现实。但是我们浸泡在幸福中了吗？没有，我们倒有一种唾手可得的东西杳然远去的感觉。追求、向往的那种清晰的幸福内容也变得模糊困惑起来。

人生观、世界观、价值观有一个共同基础就是幸福观。幸福观有多丰富人生就有多灿烂。幸福是什么？网上辗转流传着一篇文章《从物质中获得幸福的时代已经结束》。顾名思义，作者传达的观点是：物质匮乏时代，物质的获取和增值提高了人们的幸福感。物质文明时代，精神的满足和充实才是幸福的源泉。应该说作者的观点不错，至少对大众阶层来讲如此。对那些有宗教般精神、大慈大悲的先哲而言，对那些有家国情怀、慷慨悲歌的仁人而言，对那些舍生忘死、救众生于水深火热的志士而言，又另当别论。谭嗣同慷慨就义前“我自横刀向天笑”的壮语，给幸福做了一个别样的注脚。

幸福第二个值得咀嚼之处是：幸福等于快乐吗？吃上一顿大快朵颐的盛餐，目睹一幅美如图画的秀色，听了一场天籁之音的歌会，睡上一夜纾困解乏的美觉。这些让人心满意足的官能感觉是快乐，但不是幸福。**幸福应该是一种更深度的快乐，它久远、厚重、复杂。它能让人战栗，它能让人自尊，它能让人对生命进入一种觉知状态。它的表现特点常常是一种“痛并快乐着”的精神情景。**“痛并快乐着”是许多流行语中我最欣赏的一句。它最为活泼又不失严肃，最为鲜明又不失准确。应该是关于幸福的最好定义了。我也是直到体会了这种纠缠不清，欲言难明的痛中有乐、乐中有痛的感觉时，才知道为什么叫痛快，才懂得了什么叫幸福。

俞敏洪在《过年的幸福与烦恼》里有这么一句话：“最深刻的孤独出现在最热闹的世界。”他对“春节幸福吗？”的感觉是：“这么多人互相热情问候，但想找来好好喝一壶的人并没有几个。”这种感觉在物质丰富的年代频频出现在很多人的生活中：纸醉金迷后的空虚，繁华热闹背后的百无聊赖，放浪形骸后的借酒浇愁。**幸福需要事业去充实，需要情商去调制，需要健康去打理。**所以开掘并享受工作的乐趣，营造正能量的交往圈子，锻炼强壮的体魄是幸福的必要条件。

下面我想说说**幸福的第三个问题：少年学子的幸福是什么？**春节已过，许多少年学子视为幸福的时光即将结束。有时候我想：孩子们心里的幸福是什么呢？不是厚厚的压岁钱，不是七彩的爆竹烟花，不是豪华的亲朋聚会。是没有考试了！没有作业了！没有父母和老师那种充满着压力山大的期许目光了！教育到了学生们为学习而焦虑，而抑郁，而噩梦常常，而心神不定，我们的教育工作者罪责难逃啊！怎么能把人生中这样一种高大上的幸福搞成了心有余悸的人生重负呢？教育不应该是这样的呵！

一首诗中有这样一句描写图书馆："天堂就是这般的模样。"读书应该有压力，但这种压力仍然能吸引着孩子爱不释手，难以离去。读书应该有寂寞，但这种寂寞却能让孩子视寂寞为静好，视孤独为修行。

学习是一种幸福，但当遇到困难、遭到挫折时，就会生出烦恼。于是化解烦恼就成了幸福的能力。在幸福这个问题上，人有高下之分，品位之别，正因为优秀的人具备了于烦恼中咀嚼出甘甜的能力，才更多体会到了痛并着的快乐！

我在校园中时常看到两个男女同学厮磨在一起，不像是交换英雄所见，也不像是切磋学问观点，我判断他们企图远离学习中的烦恼，制造情投意合的幸福。在这里，当着全体学生的面听我一句话：你俩错了。一错在如此的韶华，正是寻志同道合的年龄，不是觅情投意合的阶段，你俩误己误彼呵！二错在少了不该少的羞涩稚纯。一个老教育工作者说过一句话"世上最美的颜色是羞涩"。有许多次你们从我身边走过，我都没有批评你们，因为师生间这样纯洁神圣的关系，说这样羞涩的话题，我有点羞涩。

"一中大门朝南开，不想读书莫进来。"我希望每位郑州一中人都有咱们自己的幸福观，这个幸福观是郑州一中的文化核心。这个幸福观是什么呢？就是：享受读书，享受运动，享受思考，享受亲情，享受自由，享受孤独，享受爱与善的文化。一言以蔽之：郑州一中人的幸福就是天天向上。

案例解析

作为一篇开学典礼致辞，本篇并没有像传统开学典礼致辞那样，而是开门见山，直接入题，与学生聊起了幸福。从哈佛大学的幸福课，到对幸福的三个追问——三个值得咀嚼的问题：幸福的内容是一样的吗？幸福等于快乐吗？少年学子的幸福是什么？作者就像是一位长者，又像是一位朋友，语言朴实，情感真挚，在娓娓道来之中，阐释出了幸福的内涵。讲话稿最后落脚在了郑州一中的文化核心——幸福观，进而点明了文章的主题：幸福就是天天向上。

鲁家宝 固始县第六小学兼第十三小学校长

河南省教育科研实验基地专家指导委员会成员，曾荣获河南省教育厅优秀教育管理人才、河南省首批中小学名校长、河南省中小学幼儿园名师、河南省教师教育专家、河南省家庭教育专家等。

要做一名有思想的教师
——在青年教师座谈会上的讲话

各位老师：

优秀教师的水平靠悟性而不是靠记性。作为一名青年教师，要能够坚守主见、善于思考，才能走上成功的专业发展之路。下面，我给大家讲这样一个故事：

一天，苏格拉底上课时，从短袍中掏出一个苹果说：说道："大家集中精力，闻闻空气中的气味。"然后，他回到讲台，举着苹果问："哪位同学闻到了苹果的味道？"有几位同学回答："我闻到了，淡淡的苹果香味！"其他同学你望望我、我看看你，都不作声。

苏格拉底再次举着苹果从学生中走过，说道："请务必集中精力，仔细闻闻空气中的味道。"回到讲台，他问："大家闻到苹果的味道了吗？"学生们异口同声地回答："闻到了！"苏格拉底摇摇头说："非常遗憾，这是一个假苹果。"

可见，人们大都喜欢随大流。个体大多是聪明的、理性的，但一旦陷入群体或成为群体的一部分，就容易变得迷信、盲从。

这些年发生的网络热点事件，没有一件躲得过这个规律——听到甲方发声，我们义愤填膺；听到乙方发声，我们觉得甲方不是东西；听了丙方发声，我们又觉得甲、乙都不是好人。我们就这样轻易地被感动、轻易地被激怒、轻易地被吓住、轻易地被诱导……

由此，我想到了我们的教育工作。教书育人是教师的天职。教师要完成这一根本任务，离不开教育思想的正确指导。因为认识是行动的先导，有什么样的教育态度，就有什么样的教育行为。做一名有思想的教师，就是对教育工作有科学的认识、有独到的见解，并能自成体系。教育是科学，首先是因为它自身具有极强的规律性。违背规律，搞标新立异的所谓“创新”，就是对科学的漠视、对教育最大的不尊重。因此，**在“乱花渐欲迷人眼”的教育改革大潮中，青年教师要有教育定力，能够坚守主见、善于思考，做一名有思想的教师。**

有人认为，思想只属于专家、学者，和普通教师无关。事实上，在思想的原野上，既需要参天大树，也需要无边的小草。思想家有思想的使命，普通人也有思考的权利。不能苛求每一位教师都是思想家，但每一位教师至少应该是一个独立的思考者。教师有了自己的思想，才能形成自己的教学风格。作为一名普通教师的尊严就在于，你有自己的思想与个性。一个人的思想灵魂，除了他的生命体验、思想见识，没有任何东西可以取代。

做有思想的教师，重要的一点是能时常反思自己。美国心理学家波斯纳曾提出教师的成长公式是“经验 + 反思 = 成长”；我国著名心理学家林崇德也提出“优秀教师 = 教学过程 + 反思”的成长公式。因此，我们应具有“吾日三省吾身”的精神，认真反思自己，才能不断改进工作，提高自身的专业水平。

做有思想的教师，源于学习和思考，源自担当和自信。我们来看看教师职业倦怠的问题。那些想提前退休、尽快离开教师岗位的人，只要了解一番就不难发现，他们几乎是从不读书的，他们也没有享受过思考和发现的乐趣。他们虽然身为教师，但是，他们一辈子只读两本书，一本是教材，一本是教参。一个教师上课如果就是靠这一点优势去教学生，怎么可能教出教师的职业尊严来？所以，作为一名教师，他要每天读书，每天思考，懂得教育的规律，了解学校的办学思路，在教育工作中不断发现问题，不断解决问题。这样就可以做到乐此不疲，不知老之将至，这样的职业生涯才是累并快乐着的。

案例解析

基础教育课程改革以来，广大学校和教师表现出了难能可贵的积极性，涌现出许多先进的课程改革经验。但一些学校和教师不顾校情，盲目照搬照抄，结果迷失了自己的发展方向。

当前，中国的教育并不缺乏先进的理念和思想，而是缺乏教育主见和实事求是的科学精神。这篇讲话借用苏格拉底让学生闻假苹果味道的故事和发生在生活中的网络热点现象，唤起青年教师对“有主见、善思考”的重视，以引导他们做有教育定力、善于反思自我的教师，走科学的专业发展之路。讲话浅入深出、发人深思，体现了校长讲话应有的专业内涵。

雷振中 安阳市盘庚小学校长

安阳市首届中小学名校长、安阳市优秀专业技术人才、安阳市优秀党务工作者、安阳市北关区教育领军人物、河南省名校长、河南省教育系统优秀工作者、河南省优秀教育管理人才、第二届河南省最具影响力校长、全国基础教育教学高级人才。

追寻教育理想，享受教育幸福

——在 2019 年青蓝工程启动仪式上的讲话

尊敬的各位老师：

“学之经莫速乎好其人，隆礼次之。”对于知识的渴求，是中华文明五千年的优良传统，一个人能走多远，就看他与谁同行；一个人有多优秀，就看他有什么人指点；一个人有多成功，就看他与什么人相伴。《劝学》中指出“青，取之于蓝，而青于蓝”，青蓝工程则出自此，目的是使新教师尽快成长，努力提高青年教师的教育教学水平、教科研能力和班级管理能力 。

我校的青蓝工程是一种传承，把办学理念“坚守每位师生的成长根本”薪火相传；是一种使命，把教学愿景“让每一棵小草都长成最好的小草，让每一棵乔木都长成最好的乔木，无论小草还是乔木都要把根扎得牢牢的”共同绘就；是一种力量，把盘庚基因“跟进不是盘庚人的性格，引领才是盘庚人的风格”融入血脉；更是一种纽带，让盘庚信念“根深叶茂，厚积薄发”深入人心。

近几年，我校不断扩大教育教学规模、不断引进新教师，求真务实地做好互学共进工作。这些也是学校教育教学质量稳步提高、学校可持续发展的基本保证。基于此，我们一定要把青蓝工程这项工作做好、做实。我觉得关键不在于形式，而在于行动、在于实际内容。

作为指导教师：

责任重大，一定要做好对青年教师的“传、帮、带”工作。因为“师父”这一称呼，代表了一种荣誉、一种肯定、一种责任。传什么、帮什么、带什么，这是我们应该认真思考的问题。我想指导教师一要带德、二要带教、三要带研。

一要带德，也就是使自己的徒弟具有良好的师德。立根才能立德，立言才能立行，这是我校的校训，也是盘庚师德的灵魂。

二要带教，就是要让徒弟才华横溢。

三要带研，研就是指教研和科研。我校的特色教研“一课多师接力教研、一师多课共享教研”就是教师的双翼，我们的教学工作只有插上翅膀，才能在广阔的教育教学天地中自由翱翔。

作为年轻教师：

一要老老实实做人，认认真真学习，扎扎实实工作。希望各位青年教师努力做到“四心”，即**从事教育事业要安心、教书育人要热心、提高业务素质要有恒心、向师父学习要虚心，力争使自己早日站住讲台、站稳讲台、站活讲台。**

二要确定发展目标——青年教师一定要设计自己的奋斗目标，设计自己的美好人生，要多听课、多思考、多改进，根据自身创造性实施教育教学，逐步形成自己的教学思路、教学特色和教学风格，努力追求自身教学的高品位。

学校为青年教师提供了一个良好的成长平台，希望你们以学而不厌的态度虚心向优秀老教师们求教，以他们为榜样，钻研教材，多听师父讲课，多请师父评课，全方位提高教育教学水平。老教师有经验，新教师年轻，希望指导教师和青年教师同学共进、追求精致、发现美感、实现优质、创造智慧、共享幸福，在我校根文化教育中“智学习慧生活”，努力践行“热爱盘庚、无私奉献、团结拼搏、永夺第一”的盘庚精神。

我相信在各位指导教师的带领下，青年教师们会“一年合格，三年出格，五年形成风格”。心有多大，舞台就有多大。只要你是一颗有生命力的种子，就能在这里长成参天大树！希望各位青年教师珍惜机会，在青蓝工程中快速成长，奏响盘庚小学灿烂明天的辉煌乐章！

案例解析

这篇青蓝工程启动仪式上的讲话稿，寄语指导教师要做好对青年教师的“传、帮、带”工作；寄语青年教师一是努力做到“从事教育事业要安心，教书育人要热心、提高业务素质要有恒心、向师父学习要虚心”，二是要确定奋斗目标。

“一年合格、三年出格、五年风格”让一批青年教师在快速成长为名师、学科带头人、骨干教师。它既消除了中年教师的职业倦怠，又为青年教师提供了零距离的学习平台，实现了“凝聚团队力量，彰显个人特色”的盘庚教研愿景，铺就了青年教师成长的高速公路。

王军霞 鹤壁市淇滨区明达小学校长

河南省名校长、教育系统先进工作者、优秀教育管理人才、学术技术带头人、教师教育专家、骨干教师、教育领军人物，学校荣获全国青少年足球特色学校、省首届党建工作示范校、省德育工作先进单位、河南教育名片等200多项荣誉。

办馨香学校，育时代新人
——在毕业典礼上的讲话

亲爱的孩子们：

你们要毕业了！带着美好的回忆开始新的征程了！

这是我和你们最后的一次集体会面，请允许我再次领着大家大声说出我们的校训“明德惟馨，达士通人”；还有我们的誓词“别看我一时，且看我一世”。

我数了数，六年来你们一共喊了212次，相信大家早已铭记在心。

还记得你们刚入校时怯怯的眼神、惊喜的表情、小小的身影，可现在，你们长大了，眼神中透着坚定，表情中露出刚毅，身高都超过我喽！作为明达小学（以下简称明达）的第二届毕业生，你们见证了学校的每一步成长，明达也处处留下了你们欢乐的笑声和美丽的身影。此时此刻，希望未来的你们，**与德同生、与智同行、与体相伴、与美相印、与劳相随，做德智体美劳全面发展的时代新人！**

你们要热爱天地与自然，接纳坎坷与挑战，悦爱自己与他人，不管生活赋予我们怎样的境地，在劈波斩浪之后，仍有勇气喊出这份豪迈：“纵有千古，横有八荒；前途似海，来日方长”，仍要坚守**“心中有梦，眼里有光，脚下**

有力，身有正气”。让自身美德散发浓郁馨香，让自身的正能量影响身边人、传播中国风。记住追逐梦想的意义，是在努力到无能为力的过程中，越来越接近最好的自己。

这是一个最好的时代。你们要把你们的时间和精力，用到那些对你们来说最重要的事情上，去探索你们自己、探索这个广袤的世界。这也是一个飞速发展的时代，任何学习上的懈怠与单一，都会让你们在急速改变的世界中困惑重重。所以，要始终保持好奇与渴望去多“知”成“智”，**读书本有字之书、读生活无字之书，汲取知识，培养智识，养成最高贵的书卷气质。带着自己所学、师长所授，不断登高望远。愿少年，乘风破浪，他日毋忘化雨功。**

健康体魄是成事成人的基础，2020年的新冠肺炎疫情告诉我们：不管是面临已知的疾病，还是未知的病毒，一个好身体，才是最强大的防线！拒绝野味，自觉使用公筷公勺，保持健康生活方式，注重心理健康，始终做情绪的主人。生命至上，身体第一，坚持锻炼，身心健康。虽然不是所有的坚持都有结果，但总有一些坚持，能从一寸冰封的土地里，培育出怒放的十万朵蔷薇。

幸福都是奋斗出来的！你们要有闯劲和拼劲，无畏风浪、不怕失败，希望你们字典里永远没有放弃、妥协、认输；要有干劲和韧劲，苦干实干，永不过时，希望你们用勤勉的态度和坚韧的作风成就学业、事业；要有钻劲和巧劲，打破学习边界，汲取社会中的先进力量，成为有特质的新时代劳动者！

明德惟馨，达士通人。哪怕前路漫漫，哪怕分离在即，永远都不忘此刻初心，明朝即长路，惜取此时心。你们是我永远的牵挂！希望你们求学之心长留存，少年志气恒久远。如月之恒，如日之升。如南山之寿，不骞不崩。如松柏之茂，无不尔或承。期望你们：**身似山河挺脊梁，披荆斩棘试锋芒，发愤图强做栋梁，不负年少，青春无悔！**

案例解析

六年的“明达教育”在孩子们的生命里烙下了深深的印记，深情眷恋中的殷殷期望化作了“明达，我们一生美好的回忆”。本次致辞以校训“明德惟馨，达士通人”告诉学生要做“与德同生、与智同行、与体相伴、与美相印、与劳相随，德智体美劳全面发展的时代新人”；以时代特质“家国天下，责任担当”追梦不息，学无边界，劳动创造，实现梦想；以励志赞歌“少年中国说”立志达人，立潜龙乳虎志，披荆斩棘、乘风破浪做强国达人。

相伴六年，不舍别离。本篇毕业寄语以再次重温校训和学生誓词的方式引入，回答“建一所什么样的学校”“培养什么样的人”的育人初心；成就学生成长最美好的回忆，也强化学生对学校教育品牌的认同感。“与德同生、立德树人，与智同行、慧达一生，与体相伴、健康第一，与美相印、美美与共，与劳相随、无限荣光”的寄语，是对学生德智体美劳全面发展的殷切期望，更是对学生人生发展的关怀叮嘱，充满温情和力量。

韩松 郑州市第一中学校长

河南省人大代表，河南省人大教科文卫委员会委员，河南省第七届省督学。先后获得全国优秀教育工作者、河南省教育厅学术技术带头人等，并获得河南省基础教育教学成果奖一等奖、河南省教育科学科研成果奖一等奖等奖项。

心怀天下，情系一中
——在 2018 届毕业典礼暨成人礼上的讲话

尊敬的家长、老师们，亲爱的同学们：

同学们，当南归的候鸟再次降落于黄昏的钟楼，当玉兰的花蕊再次捧起清晨的露珠……骊歌渐渐响起，在郑州市第一中学（以下简称郑州一中）求学的时光在你的生命中将渐行渐远，慢慢变成岁月深处的记忆。但是，同学们不必伤感，因为这记忆可能会模糊，却从不消失，它会永远伴随着你，在你此后生命中的某个瞬间，猝不及防地来拜访你，给你信念、力量和方向。

你们的学长给这记忆取名叫“一中情结”。做你们的校长以来，我多次被这“一中情结”深深震撼！

2017 年 11 月 14 日早晨，我在清华大学大礼堂准备开会，一位行色匆匆的清华大学学生找到我，说自己是郑州一中学子，听说母校的校长来清华大学开会，特意赶来见面。在聊天中我得知，她叫葛霄飞，2013 年从郑州一中初中部考进我们的生物竞赛班，高二时参加全国生物决赛，位列第九，保送至清华大学，师从施一公教授。她说她前一天晚上得知我来开会，但当时正在进行一项实验，一直在实验室工作到第二天凌晨 4:00，没顾得上休息，就赶到礼堂来看我。她说，是郑州一中点燃了她的人生梦想，让她获得了探索未知世界的勇气和力量，如果她能长成一棵参天大树，那么郑州一中一定是她根植的土地！

你们这位年轻学姐的这份赤诚的一中情结，让我倍感欣慰！

所以，骊歌渐起，并不意味从此你和郑州一中天各一方，再无联系；骊歌渐起，那是对即将心系郑州一中、勇闯天下的你深深的祝福！

在你们即将开始成人之旅时，我提三点希望与大家共勉：

一、做一个有理想、勇于追求的人

习近平总书记在五四青年节前夕告诫全国广大青年：**要励志，立鸿鹄志，做奋斗者！**的确，我们都知道理想对于人生的重大意义。可现实往往是“立志易、守志难”，很多人理想远大，可一旦面对困难就浅尝辄止、知难而退。这样的人，不叫有理想的人。真正有理想的人，明知道自身的缺点和前路的困难，却能毅然决然地去面对、改变、克服，真正做到破釜沉舟、一往无前！就像失聪的人成了音乐家，口吃的人成了演说家，有社交恐惧症的人成了外交官！

追求梦想的真相就是：为了做一件喜欢的事情，你需要先做无数件不喜欢甚至恐惧的事情。

同学们，我们要做这样的人，为了理想，勇于改变缺点，战胜恐惧！

二、做一个能坚守，值得尊重的人

人不是什么时候都能活得一帆风顺的。本想抬头挺胸前进，却不知何时就会沾一身泥巴。不过，即使那样也能坚持走下去的话，总有一天泥巴会干燥掉落。人生艰难，有时候我们很难达到理想的状态，我们可以卑微如尘土，但绝不可以放弃心中对那光明美好的坚守。正如爱因斯坦所说：一个人所能做出的最好榜样，是要有勇气在风言风语的社会中坚定地高举伦理的信念。

三、做一个肯付出，持续努力的人

莫扎特说：“谁和我一样用功，谁就会和我一样成功。”

史蒂芬·霍金的传记电影《万物理论》中也有这样的台词："人类的努力应该没有边界，我们千差万别，不管生活看上去有多糟糕，总有你能够做的事情，并且能够成功。有生命的地方，就有希望。"

几乎所有的成功者都有一个秘诀，那就是：持续不断地付出，永不懈怠地努力！

同学们，作为高三学子，你们还要再并肩奋斗二十八天，共同迎接高考的挑战，这既是一场知识的比拼，也是耐力与勇气的角逐！此刻，你们内心升腾的应该是全力以赴的激情、跃跃欲试的渴望、舍我其谁的自信！

今天，我也借此机会，继高考百日动员之后，再一次为你们鼓劲、加油！希望接下来你们脚踏实地、全情投入、奋勇争先，在即将到来的高考中绽放出最美的青春之花！

案例解析

本文是2018年5月郑州一中2018届学生高三毕业典礼暨18岁成人礼上的讲话稿。这篇讲话稿从小事入手，深情诠释了伴随几代人、超越半个世纪的"一中情结"，并指出这情结既是对母校之眷恋，也是对祖国之厚爱。

同时，校长寄语学生要有理想、能坚守、肯付出，做一个大写的一中人。整篇讲话立意深刻、文辞典雅，包含着一位校长深厚的教育情怀。

王华伟 濮阳市华龙区高级中学校长

连续6年被市教育局评为濮阳市优秀校长；先后荣获市优秀思想政治工作者、市第八批优秀专业技术人才、首届全国中小学外语教师名师、第二届全国百名优秀校长、全国优秀实验学校校长、全国优秀教育工作者等荣誉称号。

你们已走向自立自强
——在十八岁成人礼上的讲话

尊敬的家长、老师们，亲爱的同学们：

我刚才向学生代表郑重颁发了《中华人民共和国宪法》读本，这就意味着大家已经走向成年。成年，是同学们人生旅途中一个新的起点；成年，意味着你们将享有宪法赋予的权利，并履行宪法规定的义务。今天，你们面对国旗庄严宣誓，意味着你们将告别鲁莽，走向成熟；告别任性，走向理智。借此机会，我向同学们提出四点希望和要求：

成年，就要做一个忠于志向的人。作为新时代的青年学生，你们一定要“志当存高远”，把个人理想和中华民族伟大复兴的中国梦结合起来；一定要有较高的生活目标和远大的人生志向；一定要敢于做一个忠于志向并为之不懈努力的人。正如孔子所说：“三军可夺帅也，匹夫不可夺志也。”忠于志向，就是无论在任何环境中，都能做到“不降其志，不辱其身”，既要志存高远，又要脚踏实地，努力去实现自己的志向。

成年，就要做一个勇于独立的人。作为青年学生，你们一定要像中国著名的教育家陶行知所说的一样：“出自己的力、流自己的汗、吃自己的饭，才是英雄汉。”成年，意味着同学们要逐步实现学习与生活的自立，有独立自强的精神；成年，意味着同学们做事要有主见，不随波逐流；成年，更表现为同学们精神与人格的独立，做人要讲原则。

成年，就要做一个善于合作的人。“二人同心，其利断金。”如今的时代是合作的时代，善于合作，就是要善于发现、欣赏、学习别人的长处和优点，为别人的成功喝彩、加油。善于合作，就是要互相帮助，互相提高，拾取众人的智慧，让精神境界得到升华；善于合作，就是要凝聚众人的力量，掏出真心做事情，精诚团结、众志成城，无往而不胜。

成年，就要做一个承担责任的人。苏联著名教育家苏霍姆林斯基说过：有良知的人有责任心和事业心。成年，意味着同学们要对社会、对家庭、对自己尽更多的责任和义务，在社会上做个好公民，在家庭里做个好成员，在学校做个好学生。承担责任就是要为父母分忧，承担责任就是要为社会解难，承担责任就是要为国尽忠，承担责任就是从“小我”到“大我”的升华过程。同学们要做一个勇于承担责任的人，正如工人要关心自己的产品，农民要关心自己的收成，你们更要关心自己的学业。同学们已经是高三的学生，明年就要参加高考，如何顺利迈过人生这道必经的坎，出色地交出一份满意的答卷，这是你们当前最大的责任。希望同学们在承担责任中成长，在完成使命中成熟。

闻鸡起舞早耕耘，天道酬勤有志人。同学们，今天，你们庄严宣誓，迈入了成年人的行列，希望你们懂感恩、知荣辱、明事理，担负起祖国的希望；今天，你们郑重承诺，新的人生目标已经开始，希望你们勤反思、重行动、敢超越，开创更加美好的未来！

案例解析

这是一篇内涵丰富、感情充沛、结构完整，富有感召力、鼓动性的讲话稿。

讲话稿以向学生郑重颁发《中华人民共和国宪法》读本为契机，把对学生的希望和要求凝缩为四个“要做”什么样的人并以其统领各段，以材料支撑论点，以论点概括材料，起到了点明本次大会的中心内容、深化讲话内涵的作用。结尾部分以“闻鸡起舞早耕耘，天道酬勤有志人”为起领，以“两个希望”为谆谆教诲结尾，校长对学生的深情祝福和殷切期盼之情再次迎面而来，如同咀嚼干果、品尝香茗，令人回味无穷。

全文采用总—分—总的结构行文，内容上以“成年和高考”为中心，引经据典，画龙点睛，不仅让全文既显得文雅、高端，更让语言魅力展示得美不胜收，言有尽而意无穷。

王智云 鹤壁市实验幼儿园园长

教育学士，中小学高级教师，河南省优秀教师，河南省名师，河南省学术技术带头人，河南省教育厅优秀教育管理人才，河南省教师教育专家。

致敬劳动者

——在文化讲堂上的讲话

各位老师：

大家好!

听完今天牛西丽老师讲的文化讲堂《致敬劳动者》，令此时此刻的我思绪万千、心潮澎湃、无比感动!

作为一名普通的劳动者，我感到了光荣和责任！在这个特殊的劳动节，我们向劳动模范学习，为自己喝彩。我们学习老一代劳动模范王进喜、时传祥，新一代全国敬业奉献模范罗阳、全国劳动模范高凤林，还有教师同行时代楷模黄大年、张玉滚，在抗击新冠肺炎疫情中做出突出贡献的钟南山、李兰娟、李文亮的光荣事迹，学习他们坚定的理想信念、以民族振兴为己任的主人翁精神；学习他们勇于创新、与时俱进的进取开拓精神；学习他们艰苦奋斗、艰难创业的拼搏精神；学习他们淡泊名利、甘于奉献的忘我精神；学习他们紧密协作、相互关爱的团队精神。正是这些一代代劳动者的连续奋斗，才实现了我们国家日新月异、蓬勃兴旺的飞速发展。

我们弘扬劳动精神，真诚地给他们点赞，同时也为自己喝彩。

作为一名教师，一名有着 32 年教龄的老教师，我感到了幸福和满足！刚刚和大家一起回顾了我们幼儿园教龄 30 年以上的老师们刚上班时的照片，相信各位教师，尤其是工作了 30 年以上的教师和我一样，百感交集、热泪盈眶。从告别校园时的青涩到现在悄然爬上额头的皱纹，从最初走上讲台时的胆战心惊到现在面临大型观摩课时的游刃有余，从第一次在专业上受到大家认可时的激动到现在成为名师、骨干教师、学术技术带头人的硕果累累，从被顽皮的孩子气得哭鼻子到现在成为真正的孩子王，从当初孩子的老师到现在当初孩子的孩子的老师……

时间总是抹不去岁月带来的痕迹，时间总是在验证我们坚持的力量！30 年来，我们亲爱的老师们三十年如一日默默无闻地把自己的青春奉献给了孩子们、奉献给了幼教事业！30 年来，我们的老师们用自己的实际行动在平凡中彰显了伟大！**人的一生能有几个 30 年？正是你们用恪尽职守的敬业精神、精湛高超的教学技艺、为人师表的高尚情怀、不忘初心的无私坚守，才让我们拥有了今天的行业自信！**你们是当之无愧的劳动模范，让我们为我们身边的劳模鼓掌，向你们致敬！

作为一名园长，我感到了幸运和自豪！从 2005 年来到咱园至今，我见证了我们幼儿园从老城区迁入王升屯校址，又到现在的新校址，见证了从市级示范园创建为省级示范园，见证了教职员工从 40 多名到现在的 100 多名，见证了幼儿从 200 多名到现在的 1000 多名……这些，离不开我们幼儿园一代又一代老师们的爱岗敬业、甘于奉献。一勤天下无难事。老师们！幼儿园的今天是你们不驰于空想、不骛于虚声，一步一个脚印，踏踏实实地干出来的！我庆幸，遇到了可爱的你们！我自豪，我们为了共同的事业争论过、切磋过、奋斗过！

唯有对幼教事业的钟情和热爱，唯有真正的大爱，才有今天各位老师的执着坚守、任劳任怨。习总书记说“幸福都是奋斗出来的”，幼儿园的今天离不开所有教师的共同努力，幼儿园的明天依然要依靠大家的共同奋斗！让我们继续携手共进，开创美好未来！

案例解析

这是王智云园长在2020年4月30日幼儿园开展的文化讲堂《致敬劳动者》上的讲话，讲话是有感而发的，讲话激情澎湃、激动人心。

2020年的劳动节是一个不寻常的劳动节，正在经历的异常严峻的新冠肺炎疫情给所有人都带来了不可磨灭的印象，看到的、听到的、经历的、参与的、感受的，大到抗疫英雄事迹、小到小人物的生离死别，远到同胞的安危牵挂、近到亲人们的关爱厮守，都让我们对现在幸福的生活心存感激，让我们对为了这份安宁而做出牺牲的一代代劳动者心怀感恩，让我们善待工作、珍惜当下、热爱生活！

王新刚 周口市七一路第一小学校长

高级教师，河南省骨干教师，河南省优质课一等奖获得者，河南省教育厅学术技术带头人，河南省教育厅优秀管理人才，河南省名校长。

谈学生自觉性习惯的养成
——在全体班主任会上的讲话

各位老师：

老师们，新学期新风貌，新起点新变化。开学的第一个月是我们常规的养成教育月，特别是一年级新生，好的习惯养成会伴随其一生的成长与发展，同时也会有效促进学校教育活动的顺利实施。但习惯养成是常讲却不易达到效果的工作，最近也常听一些教师说，“学生不易管，讲了好几天，然后还是老样子，始终不得方法，不知问题出在哪里？”

俗话说，江山易改，本性难移。其实，这就是习惯养成的问题。养成教育必须从儿童抓起，从开始教育引导，让其了解怎么做是好的行为，什么是不良习惯。大家要明白，无论哪一所名校，在管理中所制定的相关措施、制度均是在本土的实际情况下多次修改、完善才产生出的一套方法，而且又经历了师生长期的努力实践、论证，最终形成了让参观者现场就能体验到的行之有效的教育成果。这说明推进一项工作的周期、理念、过程和方法的重要性。鉴于目前我校养成教育的情况，我建议老师们要注意以下几方面：

首先是榜样示范。在学生习惯养成方面，我们做过很多工作——教育、引导和要求，但我们是否忽视了班主任的行为习惯对学生的影响和榜样的带动作用呢？教师在校园生活中的言传身教、行为习惯会直接影响到学生的效仿与判断，彬彬有礼、为人谦逊的老师教出的学生大都会礼貌待人，说话随意、做事不严谨、行为不注意的教师带出的学生多少也会有一些相似的问题。从小事中看精神，主动参加义务劳动的教师在任何工作中都会兢兢业业、无怨无悔，是值得信任的。在这些老师的影响下，学生也会乐于助人、积极参加志愿活动、献爱心捐款捐物、主动与人交流等。教师们言谈举止间为学生树立了好的榜样，以此引导学生从小树立为他人着想、维护集体利益的良好品质。

其次是建章立制。千言万语不如制度一条。教育要靠人性化的管理和切实有效的制度做保障。其原因有两点。其一，小学生天性爱动且可塑性强但自觉性差，教师虽然经常教育，但稍一放松，学生的本性就立即回归；此时，教师再强调，学生再收敛，如此反复，时好时坏，养成教育的成果不稳定、不持久。其二，教师管理问题。关键在于执行问题，只有我们完善制度，形成一套完善的行为习惯制度体系——有规划、有措施、有检查、有评价、有总结反馈，明令禁止不文明行为且严查不怠，并且经常性地检查与反馈，学生才能有所约束，才会有效果。具体实施的过程中，可以尝试“氛围营造——制度约束——同伴监督——被动规范——自觉养成——主动拓展”的递进程序，使学生在良好的大环境下接受同学们的监督，由被动参与到主动形成良好的行为习惯，再到帮助他人规范自己的行为的最高境界。

最后要持续督促。开学之初，教师都会把养成教育工作当成重要的事情去抓、去要求，但随着教学进度及学校其他工作的安排，个别教师就会把主要精力移至教学工作任务的完成上，却无意放松了对养成教育的要求与督促。一旦长时间不用心去抓，之后再去抓时，已经失去了有效时间，效果也就达不到学期初的状态。养成教育这根弦不能放松，一旦放松则前功尽弃。

“十年之计，莫如树木；终身之计，莫如树人”，学生的发展需要全社会每一个人的关注，我们教育者更肩负着重要的责任和义务。**养成教育没有固定的模式和法则，只有在实践中不断探索、反思、完善、总结，才能形成有效的经验。**

案例解析

学生在校园里课堂上的良好行为表现，无不取决于他的自觉习惯。有了好习惯就会有好行为，校园中、课堂上才能形成良好的教学秩序，有效掌握教学内容，从而实现教学目标。

但是，多年来养成教育始终是教育者不断探索却无比困惑的工作，况且小学生的可塑性强及自我控制力弱的特点，使这项看起来容易的工作变得困难起来。广大教师无不渴求一种行之有效的养成教育方法。为此，这篇讲话稿针对教师们当前出现的困惑进行剖析、答疑，并提出建议，帮助教师们正视问题，挖掘原因，采取措施，积极引导整改，使养成教育这项看似平凡却意义重大的工作落实到位，真正教育孩子们养成良好的行为习惯并受益终身。

郭勤学 郑州市第十一中学校长

中小学正高级教师，河南省特级教师，教育部中小学名校长领航工程名校长工作室主持人，河南省人民政府督学。曾获河南省中小学名校长、河南省优秀教师、河南省教育厅学术技术带头人、河南省教育系统先进工作者、河南省教育厅优秀教育管理人才等多项荣誉称号。

诗意相伴，御风而行

——在2019届毕业典礼上的讲话

亲爱的老师、同学们：

大家上午好！

今天我们欢聚一堂，隆重举行2019届高三学生毕业典礼。回首过去的三年，弹指一挥间，同学们经历了由稚气未脱到成熟稳重、由迷茫到昂扬向上的华丽蜕变。那每一个朝霞满天、书声琅琅的清晨，那每一个朴实真诚、灿烂如花的笑脸，那每一个激情四射的身影，都给我们留下了最美好的记忆。走进高三，你们放弃了闲庭看月、雨中漫步，选择了题海竞渡、书山登攀，我们一起迎接朝阳、沐浴风雨，共同承受压力、超越自己。

同学们，**在我们的一生中，始终有两种力量在我们的生命中激荡：一种推着我们向外走，御风而行，去追求诗和远方；一种拉着我们向内收，学会感恩，时常眺望故乡。**

而此时我心中最强烈的情感是感恩：感恩同学们在最美好的年华与十一中诗意相伴，使校园纯净美好，青春洋溢，充满温情，使每位老师的心中充满了对未来的无限憧憬；感恩全体老师无怨无悔的付出，春风化雨，大爱无声；感恩家长们全力以赴的支持，使孩子们幼承庭训，蔚成栋梁；感恩后勤老师细致周到的服务，尽职尽责，默默无闻。那睡在上铺的兄弟，一起哭闹的闺蜜，那令你又爱又恨却又最依依不舍的老师，也都是你们最好的感恩对象。

同学们，我们脚下的这片热土，历史悠久，文化灿烂。有尚岗杨遗址，有周宣王围猎的圃田之乡。历史上不仅出现过如同《清明上河图》里的那种繁荣景象，也涌现出了御风而行的思想家列御寇、才华横溢的美男子文学家潘岳、血战梅花岭的民族英雄史可法等名垂青史的旷世奇才、志士仁人，留下了“愚公移山”“高山流水”等诸多经典寓言。丰厚的文化积淀孕育了经开区人愚公移山般刚毅坚卓、不断进取的时代精神：河南自贸区[中国(河南)自由贸易试验区]、经开综保区（郑州经开综合保税区）、跨境电商综试区[中国（郑州）跨境电子商务综合试验区]，平台密集；现代化汽车城、智能化装备制造基地、国际化物流园区，实属高端。我们生逢盛世，更应胸怀天下，志存高远，御风而行。

我国当代著名作家麦加讲过：“平庸的人只有一条命，叫性命；优秀的人会有两条命，即性命和生命；卓越的人则有三条命，性命、生命和使命，这三条命分别代表着生存、生活、责任。”我希望十一中学子一定要像列子那样超越平庸，追求卓越的人生。

首先，御风而行，要有“搏击”的姿态，“大我”的情怀，不羁过往，不惧将来。不能忘记父母、师长、朋友、学校在支撑着你们，不能忘记这个蓬勃发展的国家和日新月异的时代在托举着你们。我希望同学们以一个公民的身份，独立面对道德约束，独立承担法律责任！希望同学们要有根植于内心的修养，无须提醒的自觉，追求以约束为前提的自由，更要有为别人着想的善良。不忘初心，牢记使命，用责任与担当去点亮人生。

其次，御风而行，要有“十一中人”的精神，“诗意”的情怀，心有猛虎，细嗅蔷薇！同学们既要有猛虎的魄力，也要有蔷薇的细腻；既要有牡丹的华丽绽放，也要有苔米的自强不息。莫愁前程多风雨，锦绣芳华在路上，珍惜感恩生命中的一切美好，坚信“你若盛开，蝴蝶自来”。

第三，御风而行，要有“愚公”的精神，“智叟”的智慧，只问初心，无问西东。这是一个充满变革、机遇与挑战并存的时代；这是一个民族必然复兴、生活更加美好的时代；这是一个英雄辈出、呼唤道德与良知的时代。同学们，与时代同呼吸、与民族共命运，始终是人生发展的主题，也必然是我们的精神底色！我们对梦想的追求，不仅要有“愚公”的执着，也要有“智叟”的变通；不仅是对个人价值的追求，更需把个人抱负融入时代，做一个既有“小家”情怀又有“大家”情怀的人。

同学们，御风而行，不忘来处，心向远方，不问西东。从此以后，御风而行的你们将是母校心中永远的牵绊！

孩子们，常回来看看！

案例解析

这篇讲话稿中的“求有知健体，达喻事明理”校训体现了学校对学生有知有识、成才成器的热切期望。学校将“器识文化”融入日常教育教学的方方面面。所谓“诗意相伴”，是说十一中学子经过三年“器识文化”的熏陶，已经成才成器，他们将带着诗意的、美好的情感“御风而行”，走向更加广阔的人生舞台。“器识”教育申明了教育的地位，是对学校精神的凝练表述，是对培养目标和学校理念的精心解读，是学校师生的共同价值追求。

杨晓玉 安阳市第六十六中学校长

安阳市学科带头人，河南省中小学名校长，河南省名师，河南省学术技术带头人，河南省骨干教师。

精彩二十年，绽放新征程
——建校 20 年庆典上的致辞

尊敬的各位领导、各位嘉宾、各位校友，老师们、同学们：

文峰耸秀见证校园变迁，洹水高歌吟诵学校发展。世纪之交、千年更替的 1999 年，安阳市第六十六中学挂牌成立。

二十年来，三届领导班子坚定不移地传承“真抓实管、严抓细管、敢抓善管”的工作作风，以“办高品质学校、创国家级文明校园”为目标，奋斗不息、追梦不止。全体教职员工养德铸魂严自律，争做“四有”好老师，遵循“端端正正做人，扎扎实实做事”的校训，秉承“让每个生命都绽放精彩”的育人理念，团结自强、默默奉献、艰苦创业、勇于开拓、敢于胜利，走出了一条从“规范稳校”“质量立校”到“科研兴校”“特色强校”的发展之路。短短二十年时间，学校三易校名、五度搬迁，虽然历经坎坷与曲折，但是六十六中人矢志不渝地以忠诚和担当谱写了一曲“任尔东西南北风，咬定青山不放松”的创业之歌、奋进之歌。

在校三年学习，奠基一生发展。建校二十年来，六十六中始终牢记教育的初心和使命，认真贯彻执行党的教育方针，全面育人、全程育人、全方位育人，努力提升学生的核心素养，教育教学质量稳立安阳市同类学校“第一方阵”。“多彩社团展特长放飞梦想”“育人育‘心’做阳光少年”“手拿画笔打底色”“‘三能并举’强体魄”等教育教学活动，引领学生成长，成效明显。

二十年薪火相传，二十年桃李芬芳。建校20年，学校共送走毕业班199个，培养输送优秀毕业生10910名。万名毕业生，有的已参加工作，有的正在高等学府求学深造。无论身在何处，他们都心系母校，感恩母校。他们的成长成才，是六十六中至高无上的骄傲与自豪！

千淘万漉虽辛苦，吹尽黄沙始到金。学校先后荣获全国巾帼文明岗、全国科研示范单位、全国国防教育特色学校、全国青少年校园足球特色学校、河南省文明校园、河南省教育系统先进集体 、河南省“五好”基层党组织、河南省中小学师德师风建设先进学校、河南省卓越家长学校、河南省田径特色学校、河南省心理健康示范学校等荣誉。建校至今，学校获得各项荣誉294项次。

追梦之路从来都不是平坦的。六十六中的全体教职员工们，我们要继续发扬学校的优良传统，**忠实践行“身正学高诲人不倦”的教风，立足三尺讲台，静心教书、潜心育人、专心研究、细心呵护，做好学生成长路上的引路人。**六十六中的各位同学们，要时刻铭记“笃学时习　善问敏行”的学风，养文明习惯，比学习进步，赛全面发展，争取更优异的成绩，为未来启程远航注足能量。

二十年校庆，对于六十六中是一个新的开始。我们要理清来路、把握现实、认清方向。我坚信，在各级领导、各位来宾、各位校友的关心与支持下，在全体师生的共同努力与不懈追求下，六十六中人将进一步端正教育思想，不断提高教育教学质量，永远不忘初心、牢记使命，朝着“办高品质学校、创国家级文明校园”的奋斗目标，继续谱写团结奋进、自强不息的新篇章，努力办好人民满意的教育、满意的学校。

精彩20年，绽放新征程，我相信风华正茂、青春正好的安阳市第六十六中学会在高质量发展的大道上阔步前进，行稳致远！

案例解析

这是安阳市第六十六中学（原安阳师院附中）建校二十周年庆祝大会上，学校校长杨晓玉的校庆致辞。

二十年间，六十六中由于城市建设、学校改造等原因，虽然历经五度整体搬迁，但学校成绩优异、势头强劲。杨晓玉校长在致辞中没有刻意回顾学校搬迁的艰难以及借址办学的曲折，而是着重讲述了学校的奋斗目标、育人理念、精神传承及教育实践和教育成果。因为，在六十六中做校长八年的杨晓玉深深体会到：艰辛与坎坷是磨难，也是财富，由此而形成的软实力、软文化，牢牢扎根在师生的灵魂深处。六十六中的奋斗精神取之不竭，学校也因此行得更稳、走得更远。

接地气

——讲话通俗方有人气

校长讲话怎样才能接地气

刘成章 郸城县第一高级中学校长

党的十九大代表、享受国务院特殊津贴专家、全国未成年人思想道德建设先进个人、全国劳动模范，河南省人大代表、河南省优秀共产党员、首届河南最具影响力校长、河南省中小学名校长、河南省学术技术带头人、河南省优秀专家。

讲话融情入境　发言持心至纯
——例谈校长讲话发言怎样才能接地气聚人气

讲话发言是校长开展工作的重要方式。讲话发言只有掌握技巧，抓住关键点，做到有事业情怀、职业情感、生活情趣，坚持守初心、有真心、讲匠心，能够从现实问题中寻找切入点、从学校特点中寻找立足点，从办学经历中寻找生长点，才能接地气、聚人气，与师生员工或听众架起沟通的桥梁，激发干事创业的热情，凝聚推动发展的合力。

一、讲话发言要言之有情

讲话发言要有情，要发自真情，防止虚情假意。**“感人心者，莫先乎情。”要用真诚的态度，因势利导，引起情感共鸣，达到同心的境界。**为此，我认为校长讲话发言要做到“三情”：

首先，要有事业情怀。真正的好文章往往是由有情怀的人写出来的，讲话发言也是一样。有教育情怀的人才能对教育理念有真知灼见、对教育现实能洞若观火、对教育未来参透领悟、对教学艺术阐幽探赜。教育家晏阳初先后在美国耶鲁大学、普林斯顿大学学习，回国后，立志一不做官、二不发财，努力从事平民教育，把自己的一生献给劳动大众。他来到河北定县组织扫盲、改良农作物和畜牧品种、兴建剧场和电台、创办《农民报》等，一干就是10年。由于他对教育事业的博大情怀，他所提出的教育理念、教育方式至今仍闪耀光芒。

其次，要有职业情感。好的讲话发言应该发自肺腑，抒真性情、表真情意，才能打动人心。**这种情感因何而生？一是源于对工作的热情，是为了改进、解决学校教育教学过程中的实际问题而讲，是为了提升工作的实效而讲，是为了更好地推进工作、落实工作而讲。二是在学习过程中激发的研究热情。**不少校长堪称是学习方面的楷模。他们根据自己的实践需要，自觉阅读大量的教育教学管理、教育教学理论方面的文章，在不断的学习中积累深厚的理论底蕴，为他们的讲话发言提供了理性坐标和智力支持。

再次，要有生活情趣。讲话发言是一种情感与情感的交融、智慧与智慧的碰撞、灵魂与灵魂的对话，没有高雅的生活情趣，是不能营造出属于自己的精神家园的。教育界的优秀校长往往是具有生活情趣的人，他们修炼定力，远离浮躁，静下心来，不断追寻内心的舒展和人生的丰富；他们有健康向上的心态和挑战自我的空间，能创造乐趣、体验快乐；他们深入课堂、接触教师、关注学生，从不放弃在“行走”中思考。

如在郸城一高2018年高考百日冲刺动员会上的讲话中，为激发师生的激情，我在细致地思考了百日冲刺中的每一个时间节点、全面地分析了百日冲刺中每一项工作环节之后，以“一呼百应齐心干、百日冲刺无遗憾”为标题，用“在100天里，创氛围强信心，力争师生百炼成钢”“在100天里，找方法调状态，力争考练百战不殆”“在100天里，研考情析学情，力争试题百里挑一”“在100天里，多陪伴重协调，力争管理百计千谋”“在100天里，广信息勤调研，力争备考百无一失”“在100天里，抓高考重自招（自主招生），力争高招百花齐放”等六句话创设了系统目标，从6个方面用排比、对仗的句式指导百日冲刺工作。

这样一是明确了工作措施：**用活动激发师生潜能，用榜样激发师生斗志，用目标激发师生动力**。二是指出了努力方向：向专题性复习要有效增分，向规范化考练要优异成绩，向非智力因素要超常发挥。三是强调了工作重点：强化考情研究，用好高考真题；强化学情分析，抓实固强补弱；强化考练管理，确保试题质量。四是提出了工作原则：勤学习，增强备考的科学性；多督察，增强备考的高效性；抓重点，增强学生的竞争性。五是做出了服务承诺：拓展信息收集渠道，保证备考方向正确；健全问题反馈渠道，保证措施完善及时；打通后勤保障渠道，保证服务主动超前。六是唱响了冲刺目标：刷新一本（本科一批）上线人数及上线率纪录，确保一本（本科一批）上线人数及上线率创新高；突出学生培养，确保自招增胜算；全力冲刺清北（清华大学、北京大学），确保两校新跨越。整个讲话感情充沛，说出了自己心中的真实想法，表达了自己工作的真情实感，实现了高效沟通，做到了言之有物、言之有序、言之有理、言之有文、言之有情、言之有趣。

二、讲话发言要言之有心

讲话发言是充满智慧的活动，校长要滋养自己的灵魂、丰富自己的思想，不断完善自己的专业知识结构、扎实自己的理论功底。讲话发言要用心，要精心准备，防止流于形式。校长讲话发言前要提前“备课”，做教育教学的有心人，注重日常积累，关注课程建设、课堂教学、师生成长，以问题为导向，围绕讲话发言的主题确定内容，做到有的放矢，想清楚要说什么，想表达什么样的观点，讲话发言要有条理性，让对方快速理解发言的主旨，提高讲话发言效率。为此，我认为校长的讲话发言要坚持“三心”：

首先，要守初心。中国特色社会主义进入新时代，校长要坚持教育为社会主义现代化建设服务、为人民服务，把立德树人作为教育的根本任务，培养德智体美劳全面发展的社会主义建设者和接班人。要从大格局、大变革、大课改中去寻找主体，明确目标，不忘初心，立德树人。

其次，要有真心。“真者，精诚之至也，不精不诚，不能动人。”**讲话发言唯有在“真”字上下功夫，方能晓人以理、动人以情，达到推心置腹的效果。要实话实说，防止隔靴搔痒。**要直指问题和不足，谈具体问题，不避重就轻、回避矛盾。有针对性地提出要求，打好防微杜渐的“预防针”，争当加油助力的“强心剂”。

再次，要讲匠心。匠心别致，遂成大观。一手好歌能动人心弦，一出好戏能赏心悦目，一部好书能回肠荡气。但好歌、好戏、好书是由独具匠心的人创作而成的。讲话发言也一样，在思考标题时，要做到主题突出、凝练概括、生动传神；在思考小标题时，要做到句式统一、简洁精炼、逻辑严谨；在思考内容时，要做到源于真实、高于现实、论点靠实，努力让讲话发言更具价值、更有内涵、更有层次。

如在郸城一高 2014 年五四青年教师座谈会上的讲话中，面对青年教师这一群体，我以“开头引人入胜，高潮形成共鸣，结尾干脆利索，结束耐人寻味”为目标，以“奋斗的青春最美丽，乐业的教师最幸福”为题，精心准备，精益求精，用心撰写了如下的讲话提纲：

（一）要有吃亏的精神，用爱业让青春无怨

1. 静下心来教书，用心为教学负责

2. 潜下心来育人，用心为学生付出

3. 沉下心来工作，用心为教育奉献

（二）培养吃苦的心态，用勤业让青春无悔

1. 勤学习，是青年教工成长的基石

2. 勤练功，是青年教工成长的关键

3. 勤反思，是青年教工成长的捷径

（三）干好吃力的工作，用敬业让青春充实

1. 敬畏自己的工作，情感上爱校爱教

2. 爱上自己的工作，理想上教书育人

3. 做好自己的工作，态度上认真负责

（四）专攻吃心的业务，用精业让青春持续

1. 开拓专业成长渠道，完善自己的知识结构

2. 研究教育教学规律，提升自己的执教能力

3. 调整创新教学方法，实现自己的教育理想

（五）发扬吃透的韧劲，用善业让青春美丽

1. 注入思想、因材施教，打造扎实智慧的课堂

2. 锤炼技巧、厚积薄发，打造睿智艺术的管理

3. 提升内涵、突显特色，打造实用有效的科研

（六）成为吃香的教师，用乐业让青春精彩

1. 以渊博的学识启迪学生的智慧，为学生的学习营造一方乐园

2. 以出色的业绩树立自己的品牌，为自己的幸福创造一片蓝天

3. 以真诚的奉献维护学校的形象，为学校的发展做出一份贡献

三、讲话发言要言之有物

讲话发言一定要言之有物，这个“物”就是事的意思，也就是说讲话发言要有内容、有实质、有根有据，这样话一出口，就能激发听众的共鸣，留下深刻的印象。讲话发言时，我们遇到的最大问题就是不知道说什么。其实，教育教学工作才是校长讲话发言的源泉，如果我们将目光投向看似单调平淡的教育教学活动，就会在日积月累中炼就一双“火眼金睛”，从而让讲话发言“独具一格”。为此，我认为校长讲话发言要做到以下“三点”：

首先，要从现实问题中寻找切入点。问题是讲话发言的起点，讲话发言要从司空见惯的教育教学现象背后去发现问题，从课程、教材到课堂，从教师、家长到学生，从课堂提问、课后辅导到考试练习等都有不少问题需要解决。作为站在时代前沿、提供学校发展思路的校长，必须把握时代脉搏，善于从现实问题中寻找讲话发言的切入点，捕捉鲜活的教育教学话题。

其次，要从学校特点中寻找立足点。不同的学校，办学特色、教师结构、管理措施各不相同，要获得讲话发言的成功必须从学校特点出发，**总结反思工作中的成功之处、得意之处、失误之处、别人建议、教学问题等，善用六**

面镜子来照亮讲话发言的内容：借平面镜自省，借显微镜察微，借凹面镜聚焦，借内窥镜深入，借瞄准镜定位，借望远镜拓展，达到对管理理论能融会贯通掌握、对管理问题能触类旁通解决、对具体工作能灵犀相通感悟，这样才能让讲话发言站得更高、想得更远、说得更好。

再次，要从办学经历中寻找生长点。成功经验往往包含着实践者的创新，体现了学校管理者的特长和智慧。围绕成功经验形成的观点或话题，往往更容易深入，也更容易展开。有人曾问钱梦龙先生："你的教学观，从酝酿到成熟，总共用了多少时间？"钱老回答："至于时间，说长，很长；说短，很短。短，只有30秒的瞬间就完成了；长，期待这个'瞬间的到来，我准备了30年'。"在学校管理中，校长如果能把见到的、听过的、自己经历过的一件件事记录并整理出来，就能把一个个散落的珍珠串联起来，在讲话发言中形成美丽璀璨的珍珠链。

如在郸城县庆祝第25个教师节大会上的发言中，身为校长代表，为表达我的教育追求、学校的发展愿景，我把发言提到影响力、号召力和动员力的高度加以重视，通过精心准备，借用6句古诗，从"领导重视，道是无情却有情""二次创业，壮心上下勇求索""狠抓质量，咬定青山不放松""以人为本，不信东风唤不回""真抓实干，春色满园关不住""展望未来，直挂云帆济沧海"等六个方面表达了"教育是崇高的事业，需要我们去献身；教育是严谨的科学，需要我们去探究；教育是多彩的艺术，需要我们去创新；教育是系统工程，需要我们共同参与"的教育理念，引起了同行的思考，激发了听众的共鸣，达到了入脑入心的效果。

吴协涛 民权县第一初级中学校长

中小学高级教师、特级教师、第二届河南省最具影响力校长、河南省中小学名校长、河南省优秀教育工作者、河南省教育系统先进工作者、河南省教育厅优秀教育管理人才、河南省教育厅学术技术带头人。

讲话接地气是校长有效沟通的管理法宝

校长作为一个学校的灵魂，其言谈举止均是师生关注、学习的标杆，而出众的说话艺术则显得尤为重要。“一切使人喜悦的艺术中，说话的艺术占第一位。”（卢梭）那么，校长如何打破官话套话的束缚，形成自己独特有效的沟通风格即讲话怎样“接地气”是值得我们深思的问题。

“接地气”，顾名思义，与大地的气息相接，比喻贴近老百姓的现实生活，跟广大群众息息相通。**讲话怎样才能接地气，我认为首先要有真情实感，不假大虚；其次对号入座，受众恰当；最重要的是做好调查研究，掌握发言的主动权。**

从“绿水青山就是金山银山”“鞋子合不合脚，自己穿了才知道”到“我将无我，不负人民”“把人民拥护不拥护、赞成不赞成、高兴不高兴、答应不答应作为衡量一切工作得失的根本标准”等，习近平总书记的妙语连珠很好地诠释了接地气话语的独特魅力。而对于从事教育教学管理工作十五年的我来说，接地气的有效沟通一直是我管理理念的核心内容，现就多年来我与师生的有效沟通之讲话“接地气”简要归纳梳理，抛砖引玉，仅供参考。

一、对学生严中有爱、爱里藏责

初中生正处于青春叛逆期，对规矩的敬畏意识有待提升，这就要求我们运用多种形式的教育策略强化敬畏意识。教育家马卡连柯说过：“批评不仅仅是一种手段，更应是一门艺术，一种智慧。”2013年刚任职民权县实验中学校长的我，针对近70%留守儿童的在校生学习、纪律、生活等方面出现的诸多问题，除了加强学校管理层面的职责细化外，还对四千余名学生开展了自我反思活动。一切先从预防着手，切实做到“先其未然谓之防，发而止之谓之救，行而责之谓之戒，防为上，救次之，戒为下”（荀悦）。蹲下身子与孩子交流，平等对话，真心沟通，校长“接地气”的讲话不失为一种教育学生的最好渠道。

1. 心有所戒，行有所止。

刚到民权县实验中学的我，在学生返校的时候，发现很多学生言行举止恣肆：染发化妆、出言不逊、校外游逛。其中一位男生的奇装异服格格不入，我问他是哪班的、叫啥，他说我不是他老师，管不着，我告诉他我是这学校的校长，还真管得着他……一番理论后，这个学生最终领教了敬畏规矩的重要性。**我始终觉得教育工作者首先要教育孩子如何做人，其次才是如何思考，再次才是如何获得知识。**

2. 有努力就有改变。

教育是一个循序渐进的过程，每一个孩子都有属于自己的花期，众多孩子不是输在起跑线上而是输在冲刺阶段。“行百里者半九十”。当今的孩子虽不如陶行知先生所言的“小孩子学着做人，一身遇着的病魔、恶父母、坏朋友、假教员，个个都是吃人的妖怪……”那般需要经受九九八十一难，但来自网游、早恋、贪玩的种种诱惑亦着实可以轻易地摧毁心智不成熟的他们，这就要求我们要掌握激励学生的智慧，对学生进行常规和抗挫折教育，让他们走好一百步中的最后十步。**“赏识和激励可以激发人们追求卓越的热情，可以激发人们承担责任的勇气，激发他们进行大胆创新的信心。”**

每年的受奖学生层面不断扩展，从一元钱、棒棒糖及巧克力的“甜点奖励”

到隆冬时节护手宝、耳暖的“暖心表彰”再到全体家长会上“最佳学生”及“卓越家长”的“闪亮登场”，我们一直相信“有努力就有改变”。

3. 为荣誉而战，让梦想腾飞。

一个学校强大的凝聚力就是团队精神。让每个学生意识到自己的努力大而言之是班级和学校的荣耀，小而言之是为了自身人生价值的实现。作为一个深处集体的个体而言，发挥自己的最大潜能，尽自己的最大能力助力学校发展，这是促使他们愈战愈勇的动力。建立在本校原有辉煌基础上，结合学生的实际，我向全体同学发出了找准各自的努力点，制定适合自己的近期和远期目标，发挥特优生的引领作用，带动优秀生的辐射作用，激发临界生的推动作用，鼓励待优生的自强作用，倡导他们树立做最大的分子和最小的分母意识，加强自己横向和纵向的竞争意识，落实魏书生所提出的“12 个学习习惯”（记忆习惯、演讲习惯、读的习惯、写的习惯、大事做不来小事赶快做的习惯、自己留作业的习惯、整理错题集的习惯、制订计划的习惯、预习的习惯、适应老师的习惯、出考试题的习惯、筛选资料总结的习惯）。

4. 母校就是自己可以吐槽但只要别人诋毁一句，你就跟他拼命的地方。

通过对学生各种行为规范的矫正，我校学生懂得了规矩意识、明晓了奋进的目的、理解了制度背后温润的东西，他们能及时止损，自我成长，健康发展，这也彰显了一群教育者的务实情怀。2017 年的一名毕业生，在庆祝第 35 个教师节的美篇后面，深情写道：“我再看到母校的照片还是忍不住泪目，仿佛昨日就在眼前……再也回不去的从前，但母校永远在我心里，是怎么也忘不掉的家……”在离开学校的孩子们眼中，他们的母校情结持久弥香：有对“万卷园丁书满腹，千盘桃李志夺魁。今日盛誉无形树，他日芳菲汗水载”深情师恩的感慨；有忆“吃得好不好？馍菜汤凉不凉？饭菜贵不贵？”校长叮嘱的念想……

二、对老师敬里含正、同中盼责

教师作为一个特殊的知识分子，加上今天的孩子个性飞扬，教师在多重压力下处于一个微妙的境地，作为校长，洞悉他们的思想动向，解读他们的教育困惑，引领他们实现人生价值，消除身心健康隐疾，构建和谐校园这些都是值得校长高度关注且须付出行动的。通过“接地气”的话语沟通就是解决以上问题的最佳途径。

1. 教育是个良心活，细节决定成败

留守儿童深处父辈教育和祖辈教育的断裂层，其横生的种种心理问题已经严重影响了众多孩子的身心健康，长期缺失父母呵护的青少年心理脆弱、性格偏执、情绪化厉害，加上隔代教育的溺爱有加却疏导不足，老师在他们的青春期扮演的角色分量已经远远超越了传道授业解惑的传统局限，因此强化全体老师的责任感是提升我校教师影响力的首要要素。我们的工作可以量化，大家的业绩可以考核，可诚为人师的尽责则细化在对全体学生精心呵护上，虽无形却意义深远。良心不可欺，责任不可卸，而注重细节则是尽责的保障。正如叶圣陶先生所说：**“教育是一种做的哲学，是一种细节文化。”**

偌大的校园，卫生成了大问题。从弯腰捡垃圾的校长示范到净化美化的办公室评比再到晨读进班督导，那个在风中狂舞卷飞的塑料袋促成了校园垃圾桶的规范整理；那次进校长室的老师错愕走进“闺阁”后发出的感叹加大了对办公室花花草草的整理力度；那些在前面吃着零食乱扔包装袋，被后面一路捡拾此袋的校长羞得溜之大吉的孩子，将这段“遇险经历”写进日记里的奇遇等，都让大家深深感到：举手投足，皆成风景。

2. 用反思净化我们的灵魂

记得一本书上这样说：我们每天需要两小时反思自己。过于急匆匆的生活脚步挤掉了我们的反思时间。**作为脑力劳动者，我们的知识框架可能会日渐固化，唯有不断反思、学习，我们才会做到触类旁通、举一反三，我们才能在不断反思中成长。**

老师们很好奇，吴校长的小本本上记的啥？十余年的校长生涯让我储存了一摞摞宝贵的工作笔记：有经典案例的反思、有人生感悟的微光、有细细碎碎的念想、有学习反馈的收纳……这些都能灵光一现，随时转化成“接地气”的话语，它促使我马不停蹄、心无旁骛。

三、管理层崇尚德行合一、务实求真

中层领导及班主任管理工作亦是学校管理中重要的环节，确保了学校各项规则落实的“最后一公里”畅通。中层干部是一所学校的支柱，中层干部队伍素质的高低、能力的大小、战斗力的强弱将直接决定着学校管理水平的高低。而班主任的职责是：保护学生的身心健康，促进学生的全面发展；全面负责班级的日常管理工作；组织和指导各类班级活动的开展；协调和整合校内外的各种教育力量。所以校长在培养、锤炼领航团队时不仅需要有高度的理论知识，更需要立竿见影、浅显易懂的“接地气”的通俗话语。

1. 欲佩王冠，必承其重；埋头苦干，不问前程，自有前程

领航团队的眼界决定一个学校的发展方向，中层领导的务实担当考验一个学校执行力的精准到位，管理层面的吃亏意识衡量一个单位的负重尽责。对于中层领导的合理配置，我一直是最审慎的，多年来我坚守德行合一、务实团结、任人唯贤的原则，学校领导班子成员各自找准位置、俯下身子做事，不看嘴皮看成效、不计得失重大局。近几年，我外出开会培训的时候较多，甚至有时候 20 余天不在学校，班子成员各司其职、守望相助、勤勉踏实，出色地完成了各类突击检查，及时恰当地处置了突发事件，受到了师生家长的好评。

2. 啥蔓菁啥薹子，啥大人啥孩子，啥班主任啥学生

家庭教育至关重要，作为第一任乃至终身老师的父母，其言谈举止、人生观、价值观等均能从孩子身上找到基因传承。班主任作为班级管理的主导者，同时也是学校各项管理工作措施的落实者、班风端本清源的第一人，的确会引领该班级学生的行为走向。为此我化用老家的俗语，强调了班主任的重要性。我将“啥蔓菁啥薹子，啥大人啥孩子，啥班主任啥学生”这句话在班主任整风会上一抛出，一片哗然，会后这句话迅速成为班主任们的口头禅，虽然他们起初产生了一些异议，可不知什么时候，他们认可了它，后面还补了半句“啥校长啥班主任”！

校长作为学校的主心骨，既要凭借深邃的办学理念引领人，又要依托务

实求真的工作作风感染人，更要怀着一颗真诚的心与人有效沟通，说实在话、经典话、接地气的话，重视沟通的主动性和双向性，促进学校管理工作顺畅高效开展。

讲话接地气，不是满嘴跑火车，华而不实；更不是插科打诨，低级趣味；讲话接地气，就是要紧握时代脉搏，立足受众实际，了解事实真相，既可以一针见血，也可以一语中的，切不可一棍子打死。

做校长是个良心活，也是个技术活，校长是学校的形象代言人，举手投足，皆关风景。校长也是学校的第一发言人，讲话须准确可靠、通俗易懂，接地气，识烟火。虽乡土民间，却也字正腔圆；虽简单干脆，却也字字珠玑。

做讲话“接地气”的校长，办有温情有温度的教育。

张文栓 辉县市吴村镇中心学校校长

第二届河南最具影响力校长、河南省中小学名校长、河南省学术技术带头人、河南省教师教育专家、河南省优秀教育管理人才、2017 河南年度教育新闻人物。他率领学校进行的现代化乡村学校发展之路、创建全国乡村教育样本校的探索成果被称为“吴村现象”。

接地气的讲话让校长更具领导力

会讲话是学校校长的必要素养。学校更需要有高素质的管理者。学校教育管理者在办学中需要思考、需要研究、需要学习，还需要把自己的办学思想用语言表达出来。

众所周知，表达能力是教师的基本素养，因为教师是靠嘴吃饭的职业之一，培养学生的表达能力也是学校不可或缺的育人目标。表达，表是过程，达是结果。表就是要把你想要表达的意思说出来；而达呢，就是把你想要表达的意思说出来并送达对方的心里，达成共识。教师要锤炼自己的语言，力求把复杂问题简单化、抽象问题具体化，让学生听得懂、学得会、能运用才是课堂高效的前提。对于校长而言，良好的表达能力更是不可或缺的必备能力，在面对教师、学生、家长等不同对象时，在不同场景中，如开学典礼、毕业典礼、重要活动时，校长如何让自己的讲话更接地气，更能直抵人心，对校长来说是一门必修课，更是必须修炼的一种能力。

一、提升学习力，提升素养，让讲话更有底气

校长必须具有正确的政治观点、渊博的业务知识。这就要求校长平时要

加强政治学习和业务钻研，要行走在不断学习的道路上，在平时的工作生活中，要多学习、多观察、多积累、多实践。只有学识丰富，才能在短暂的准备时间内从脑海中找到生动的例证和恰当的词汇，给即兴演讲增添魅力。**一个优秀的校长当有书卷气、学术味，在政治上和业务上均能够做到高屋建瓴。同时还必须具有深刻的思维能力，这样才能透过现象和不被人注意到的细节认清事物本质及其内部规律，这是提高认识水平、语言水平的重要基础之一。**

校长的办学思想和理念需要凝练、传播，校长的管理理念和创新的思路需要得到认同，因此校长无论是面对老师、学生还是家长，都要做到讲话要有内容，避免空洞无物、单纯说教，不然效果就会大打折扣。如清华大学校长邱勇在2020年研究生毕业典礼上以“用一生去坚守不可放弃的职责”为题，然后从“坚守不可放弃的职责，你们要在长期的历练中增长才干”“坚守不可放弃的职责，你们要在关键的人生选择中坚定初心”“坚守不可放弃的职责，你们需要投入一生的真情、付出一辈子的努力”三方面进行了阐述，可谓主题鲜明、层次分明、观点明确。再比如今年的疫情让大家感觉到复学不易，我就在复学当天的演讲中，以“珍惜每一个当下，做新时代的好学生”为题，从武汉抗击疫情中鲜活的人物故事——钟南山、李兰娟、张伯礼、李文亮、外卖小哥等讲起，告诉大家今天的复课开学是多么来之不易，要求学生学会感恩，珍惜难得的学习机会和美好的青春时光，努力做新时代的好学生。这样一来，就不会是简单的任务布置、要求提出和简单说教。只要校长用心准备，讲话效果就能事半功倍。

二、建立教育思想，落实教育理念，让讲话更具灵气

校长是一个学校的灵魂，应该对一所学校做思想引领，所以校长应该具有深厚的教育情怀，具有自己的教育思想和教育理念，要有教育理想、教育激情和教育智慧，只有这样，你的讲话才能言之有理，才能起到思想引领作用，才能开阔学生视野，从而带领学校向前发展。

北京外国语大学原党委书记韩震说：“校长讲话既要表达学校的传统、精神、灵魂，也要体现校长本人的学识、视野、思想。即便是亘古不变的真理，也要有新的表达方式。如果把学生讲睡着了，那肯定是校长的失职——要不

就是他没什么思想，要不就是在念稿子。”校长讲话缺少“魅力”，难以赢得喝彩和认同，那恐怕主要不是因为文字表达水平不高，而是缺乏一种躬行实践的精神，缺乏对学生成长成才实际情况的透彻理解的缘故。心里没数，脑中空空，于是就只能念由“笔杆子”代劳的稿子了。

接地气是一种社会进步。**只有对教育有情怀，有着教育思想和智慧，言之有物，说得实在，才能形成风格，才能赢得掌声，才能对教师发展和学生的成长成才起到一定的启迪作用。校长还是要通过广博的知识、独到的观点、深邃的思想去影响学生。**在清华大学必谈梁启超的《君子》演讲，清华大学校训“自强不息，厚德载物”正来源于此。北京大学则会反复强调胡适、蔡元培的“思想自由，兼容并包”。西南交通大学的前身为1896年建立的山海关北洋铁路官学堂，西南交通大学原校长徐飞在2014级本科生开学典礼上说：“我们从海边开始远行，虽然一路南迁，但心向大海；尽管饱尝磨难，但不忘初心。因为118年来，我们交大人信仰如锚，灵魂如海。”

用先进的办学思想引领学校科学、快速地发展，是时代赋予每位校长的神圣职责，也是每位校长应有的时代担当。辉县市吴村镇中心学校2012年搬迁至新校区，迎来了前所未有的发展机遇和挑战，作为校长，我首先提出了“创建全国乡村学校样本校”的美好愿景，明确提出了“为学生拥有智慧而幸福的未来奠基”的办学理念，以“办吴村人民家门口的优质学校”为目标，提出了以课程建设为轴、动静结合为翼的“一体双翼”学校发展思路，制定了学校发展十三五发展规划，不断为学校擘画学校的未来美好愿景，引领学校变革发展。正是有了这些教育思想，才使得我的讲话思路更加清晰、目标更加明确、内容更加丰富，从而能够深入广大师生内心，使他们更加认同学校的发展思路，期待学校的美好未来。

三、积极了解民意，加强人文关怀，让讲话更具人气

校长讲话接地气，必须贴近群众实际，代表民意，想民众之所想，急群众之所急，不能“打官腔”。俗话说，拿腔拿调的大话、空话、套话，冠冕堂皇的话连野猪都骗不了。领导干部陷入“失语状态”，应自省干部失语背后是严重疏离群众。善于讲话的领导总是用浅显的话说明深奥的道理，用易

懂的事例说明难懂的问题。领导者少讲“官话”，多说“民语”，是对群众的一种尊重，也是一种修养和境界。

记得北京市昌平区城关小学校长柏继明《给教师减负：拒绝形式主义，不打卡、不写教案，有病赶紧治，拒绝道德绑架……》的新闻上了网络热搜。这个女校长的视频之所以被老师们疯狂传播，除了她如沐春风的讲话、平易近人的姿态、和蔼可亲的笑容，更重要的是她有符合人性的教育管理理念和尊重教师、关爱教师的高尚人格。其实尊重教师、关爱教师，本来就应该是一个校长的基本常识，但是这样最基本的底线，却被老师们视若珍宝、无比激动地疯狂传播，大肆宣扬，这说明了什么？说明了这样的校长太少，基层的老师太可怜！

美国著名心理学家杜拉斯・麦格雷戈说：在每一个管理决策和管理措施背后，都必有某些关于人性本质及人性行为的假设，这种人性本质及人性行为的假设，在一定程度上决定了管理的出发点、过程、归宿和结果。一所学校要想取得一流的教育教学成绩，要靠全体人员的智慧和力量，因此，必须充分调动全体教职工的积极性、创造性。我在讲话中经常讲到“老师们在用心做教育，如果我们没有做好保障，没有基本的物质条件，哪有教师的幸福可言呢？”所以在生活上，我校极力改善教师的工作和生活环境。为每个办公室安装了空调，配备了饮水机，为教师们配置了电脑，建立了教师阅览室，修建了教师专用淋浴间，大大改善了教师的办公和生活环境。学校关注教师的健康，制定科学人文的考勤制度，实施了让教师们引以为豪的“疲劳假”制度，让人文关怀温暖每个人的梦想和心灵。对于学校管理教师团队来说，精细化管理、数字管理、流程管理，都比不上人性化管理。学校管理者要对教师投入更多的人文关怀，要基于教师的不同需求，提出基于教师事业前景、情感关怀、待遇提升等方面的管理设计，才有可能激励和鼓舞人才，才有可能让每一个教师全身心热爱孩子，热爱学校，热爱教育，让每一个教师都干得舒心，做得有奔头。**“得民心者得天下”，管理者要对教师多一些情感投入、人文关怀，做得好了，才能说得好。**教师的压力才会减少，教育才会焕发出生机。要做到这一点，校长必须在讲话前做深入细致的调查研究，了解教师、学生的需求，关心他们的生活和学习，解决他们的困难，站在他们的角度去思考问题。只有这样，校长的讲话才能言之有物、打动人心，才能收到良好效果。所以，讲话者在开口前如果不了解听众的心理，就不可能做到讲话内容充实具体、言之有物、掷地有声。

四、善于正向激励，促使“内省”，让讲话凝聚正气

校长讲话必须充满正能量，要体现学校的价值导向。“单位里哪些是好人？”“我们学校的‘好人’评判标准是：态度好的人是好人、成绩好的人是好人、工作量大的人是好人、有特殊贡献的人是好人、踏实肯干的人是好人，我们要做到让好人有好报。”“学校让哪些人吃得开？”“让会干的人、肯干的人吃得开，让有为的有位。”“不能让老实人吃亏”“让愿意发展的老师优先发展起来”这是我在讲话中经常提到的语句，也是我们学校的价值导向。

校长讲话接地气，讲话必须有其目标性，讲话是否达到了它的预期目标，要看它是否被听众所理解、所接受。听众理解了、接受了，才能明确自己的行动方向。反之，听众一头雾水、似懂非懂，是不可能配合领导者采取行动的。

校长讲话要思路清晰、目标明确，要培养主题明确这一即兴思维。讲话要做到主题明确和重点突出，讲话必须始终围绕它展开；它应该包含希望、成就、可能性或目标等。这样才能清晰可辨，确保每个听众都明白你的讲话要点。否则只会喋喋不休、毫无重点，这样既达不到讲话效果，又令人反感。

善于正向激励，建立公平的竞争和评价体制。我校实行每一学年打乱班级重新均衡分班，以科学的聘任制进行教师组合的管理制度，营造了公平的竞争环境。要让那些业务能力强、成绩突出的教师得到实惠、优先发展，让工作踏实、尽职尽责的教师看到希望，不让投机者得利，弘扬正气，刹住歪风邪气，让校园工作环境风清气正。用这种价值导向来定位学校文化，并将这种文化和理念浸润、渗透到教师的思想和工作中，用这种文化和理念来激发和培养教师的敬业精神和工作责任感。

总而言之，校长作为学校的主要管理者，语言表达能力是体现其领导和管理水平的一项重要的能力，在治校中发挥着重要的作用，高雅大气的谈吐仪态、恰当得体的语言风格、接地气的校长讲话是中小学校长教养、知识和风度的表现，将使学校的工作更加得心应手。

优秀案例及解析

朱丹 中国教育学会副会长

河南教育学会副会长，国家督学，享受国务院政府特殊津贴专家，郑州一中原校长，河南省普罗基础教育研究院院长，郑北一中总校长。

人生的关头和选择
——2016—2017 学年开学典礼致辞

同学们：

人生的路很长，一路上会遇见很多人和事。有时错过了一些人，错过了就错过了，那是缺少缘分；有时放弃了一些事，放弃了就放弃了，本就有舍有得。但有些人不能错过，那是老百姓说的贵人；有些事不能放弃，那是关乎发展的平台。留住贵人，或许就能帮你走进一个新的世界；抓住平台，或许就能为你开辟一段新的征程。这些人和事就是改变你人生命运的关头。

人一生有多少关头，就有多少次选择。有些关头是上天替你安排的选择，譬如性别为男或为女；有些关头是父母替你安排的选择，譬如婴幼儿时期养成的习惯。但当你渐渐长大，很多关头的选择只有你也必须是你自己安排！

人生后来的幸福和痛苦、辉煌与落寞，大抵都是少年、青年在面临何去何从的每一个关头时，自己一次又一次选择的最后结果。

据说，人从3岁开始，每逢3的倍数之年，都是一个关头。6岁上小学，12岁上初中，15岁上高中，18岁考大学，每一个关头都是一段新的里程。今天我们举行开学典礼，就是大家在15岁的岁月界碑前举行出征的壮行仪式。

今年夏天好像又长又热，就如刚刚熬过的中招季，拼搏和忐忑、焦虑和喜悦，掺和在了一起，令人有一种五味杂陈的感觉。这种感觉被秋风一吹、秋雨一下，让人清凉了许多。你和他、她忽然发现（也可能你浑然不觉），又一个关头摆在了面前：三年的高中怎样度过？

苟且偷安是人性的弱点，老年人、青年人概莫能外。一些踌躇满志的人，在面临安逸和艰辛、优裕和紧张、绚烂和单调的选择关头，往往给自己找一些苟且偷安的理由："三年时间颇长，第二年、第三年再闻鸡起舞不迟。""能享受时且享受，明天的事明天说。"我相信你的信誓旦旦是真诚的，你的摩拳擦掌还流露出一种跃跃欲试的激情，但我告诉你，所有缺少弘毅品质的人，都是在这种关头表现出了共同的致命弱点：推迟应该立即行动的时间。"作业明天做，明天一定做。""书明天读，明天一定读。""今年晚了，明年复读再重新收拾旧山河。"呜呼！真应了那句古话"明日复明日，明日何其多"。

高中阶段是花季雨季的年龄，过去你虚度了青春韶华，高中可以浪子回头、重塑金身。过去你昏头昏脑、懵懂无知，高中可以幡然开悟、亡羊补牢。即使过去的你一塌糊涂，也可以重新谋划，弃旧拾新。**莫等闲，今天就披坚执锐，今天就催马扬鞭！**老百姓说"过了这个村，就没了这个店"，高中这个最后的驿站在你的求学生涯中举足轻重。围棋的黑白世界里有句成语：一着不慎，满盘皆输。做得好，这个最后的驿站可以让你的青春完美收官。**这是一个重要的关头，切记不要为舒适安逸而失志，不要为失败挫折而堕志，不要为花红柳绿而丧志。**

青年人总觉得成长得太慢，有度日如年的感觉。自己什么时候去上大学呵，什么时候一鸣惊人哪，什么时候能遇上一场美好爱情呢？过来人当年也有这样的心路，但过来了就突然对时间有了另外一种相反的感觉，当看到新生们的陌生面孔，心里不由得一阵感慨：又是一群少男少女！又是一个周而复始的三年！又是一声“白了少年头”的叹息！

年轻人嫌时间慢，慢得像老牛破车；过来人嫌时间快，快得仿佛眨眼工夫数年已过。其实慢和快的感觉都是人生到了关头的感觉。慢就慢好了！慢，正好静下来，一页一页写我们的故事。快就快好了！快，就只争朝夕，一分一秒地绘就未来的美丽。**青年人“风华正茂、书生意气”，方敢“问苍茫大地，谁主沉浮”。**老年人“青青子衿，悠悠我心”，才会“老骥伏枥，志在千里”。**少年有志不蹉跎，壮心不已方英雄！**

2019 年，当你们把郑州一中装在行囊中的时候，正是郑州一中 70 华诞的隆重日子！那时候想必你们一个个都雄姿勃发，少年英雄！

案例解析

这是一篇富有诗意的讲话稿，从“放弃”说到“选择”，从“中招”说到“高考”，从“学生生活”说到“人性弱点”，都是在告诉正在梦想路上奋斗着的孩子们——要争朝夕。这是一篇意义非凡的讲话稿，它在最关键的时刻，告诉正处在人生十字路口的高中学子，在刚入学时就要坚定理想信念，要培养自己弘毅的品质。这是一次心灵与心灵的交流，从一位校长的阅历，以一位长者的视野，捧着一颗心来，真情告白每一位年轻的学子，正是书生意气时，千万莫负青春好时光。

王丽娟 郑州外国语学校校长

河南省特级教师，河南省学术技术带头人、河南省三八红旗手、河南省中小学幼儿园教师教育专家、河南省教育系统先进工作者、郑州市五一劳动奖章、河南省中小学名校长，郑州市十大杰出女性、郑州市专业技术拔尖人才。

为人，为师，为学
——在青年教师阶段总结会上的发言

亲爱的各位青年教师：

今天我想对咱们青年教师讲的话题是“为人、为师、为学”，因为做人是一个人的根基所在，一个教师的人格魅力是在学生和学生家长心中装一辈子的东西。教师教的书是课程，教师本人更是课程，对学生的影响是潜移默化的。很多年以后，你的学生回忆起来，你课堂上是怎么讲的、这节课你是怎么设计的，这道题用了什么解法，他早就忘记了，但你是一个什么样的人，却随着他年龄的增长愈益清晰。

一是负责。一个有责任感的人是最值得别人信赖和信任的人。从入职阶段开始，咱们每一个人就要学会对学生、对家长、对同事、对师傅、对学校负起责任。比如，咱们每一个人的成长，师傅都付出了很多很多，所以咱们每一个人都要知道，你的每一次表现都是在为师傅负责。比如上汇报课，上好上坏可真不是你一个人的事，领导同事会说：“咦！你看这个师傅是怎么指导的，这课……”从这个意义上说，你的师傅是与你共荣辱的。所以咱们每一个人，在你上每一次汇报课、进行每一次展示的时候，一定要心中有师傅、有他人，要有一种无须他人提醒的自觉，也要有一种处处为他人考虑的善良。不能我行我素，认为只是自己一个人的事。这从好的方面来说是自信，再说过头了就是自负，再说的严重些，就是不为他人负责，同时也造成了对自己的不负责任。

二是敬业。那天听完闫笑老师的课，我说："我非常欣赏你的是，这节课堂调控得很好，你是怎么做到的？"闫笑老师说这可能是得益于自己在大学期间做主持人的经历，经过了锻炼，所以应变能力很强。这件事就告诉我们，厚积才能薄发，你在任何阶段的付出都会成为你人生的资本。刚才朱春华老师说的那句话特别打动我：人创造了课，课完善了人。大家想一想这是不是人课合一的境界，这种追求是非常高远的。她刚才的发言中说到，让学生毕业之后回忆起来曾有这样一个老师，曾经用文字在学生心中树立了一块块丰碑。我想，这绝对不是她随便写出的一段文字，而是她发自内心的一种追求。她凌晨一点多醒来，推翻了八九次课堂设计，才成就了这堂好课。所以在这儿我想说：什么是敬业？永不满足、永无止境的追求才是敬业。教育真的永远只有彼岸，只有在永无止境的追求当中才会有更多的自我构建或者说是自我完善。**当你在工作中追求一丝不苟的时候，当你在教育上追求完美细节的时候，你才是真正的忘我和敬业，而不是说我把学校规定的任务、规定的动作完成了就行了。真正的教育要追求工作的一丝不苟，要追求教育的难忘细节。**

三是修养和礼仪。修养和礼仪对教师而言颇为重要。咱们国家是礼仪之邦，带给我们的文化影响是非常深远的。习近平总书记一直提弘扬中华优秀传统文化，因为里面有太多正确的、符合社会发展的价值观。教师无小节、处处是楷模，半两的身教胜过两吨的言教。上课学生问好的时候，声音那么洪亮，咱们是否认真对待了学生的问好？当学生呼喊出"老师好"的时候，你给学生传递的情绪是不一样的。但我观察有的老师就忽略了这样的细节。还有在升旗时，我们是否像学生一样立正，伴随着雄壮的国歌和冉冉升起的五星红旗，行注目礼？学生在演讲的时候，我们是否在认真聆听？当面对国旗宣誓的时候，我们是否庄重地举起右手，向国旗宣誓？还有咱们在与同事交往的时候，不管是年轻的还是年长的，都要心中有尊重、心中怀敬畏，这里的尊重和敬畏也表现在细节上。私下里，我们可以“朱春华”“李书娜”“张晓迪”这样叫，但是，当我们同时出现在学生面前的时候，我们愿不愿意被朱春华、李书娜、张晓迪这样的直呼其名？答案是否定的。在学生面前，咱们称呼所有的同事，一定是怀有这样的感情的：朱老师、李老师、张老师等。正是这样的细节处，体现了你的修养和素养，这些细节都是在对咱每一个人打分。你在这个团队里最终留下什么印象，你具有什么样的特质，都是通过一件一件事、一个一个细节形成的。

案例解析

于漪说过：“做校长，顶大的事情就是培养青年教师。”青年教师能否走得远，其对教师职业的理解、认同、热爱至关重要。为师先为学，为学先为人，这一话题若泛泛而谈，空洞无物，则效果一定不好。

本文的亮点在于：一是把为人、为师、为学这一话题具体化，以三个核心关键词“负责、敬业、修养礼仪”来具体阐述。二是每个关键词以具体的案例切入，讲的是发生在大家身边的人和事，或是榜样或是不足，以此来激励大家或引起反思。三是字里行间蕴含着对青年教师的殷切期望，言辞恳切，感情真挚。

王建军　新乡市外国语小学校长

全国特色教育先进工作者、河南省中小学名校长、河南省教育厅优秀教育管理人才、河南省义务教育课程改革先进个人、河南师范大学教育与教师发展学院国培计划授课专家、河南师范大学小学教育专业硕士研究生实践导师。

永远跟党走
——在建党 99 周年上的讲话

各位党员老师：

七月盛夏，万木葱茏，繁花似锦。明天 7 月 1 日是党的生日。今天，我们隆重集会，共同庆祝中国共产党成立 99 周年。

此时此刻，我不由自主地回想起了党的奋斗历程，我想起了 1921 年 7 月 23 日，在上海举行的中共一大，也想起了会议后期，由上海转移到浙江嘉兴南湖的一艘红船上举行。从此，红船精神代代传承，照亮了中国革命前进的道路。

我想起了井冈山上的胜利会师；想起了“黄洋界上炮声隆，报道敌军宵遁”的共产党人的凌云壮志；想起了“大渡桥横铁索寒”的艰险和红军战士的英勇无畏；想起了“更喜岷山千里雪，三军过后尽开颜”红军战士的激越与豪迈；想起了六盘山上“天高云淡，望断南飞雁”“不到长城非好汉”共产党人的革命豪情；想起了在革命圣地延安，毛主席窑洞里那不眠的灯光；更难以忘怀毛主席一挥而就的“北国风光，千里冰封，万里雪飘……数风流人物，还看今朝”的不朽诗篇，表现了共产党人的英雄气概；想起了平型关战役的隆隆炮声，打破了日本帝国主义不可战胜的神话。

我想到了1949年10月1日，毛主席站在天安门城楼上向全世界庄严宣告："中华人民共和国中央人民政府成立了！"中国人民从此站立起来了；想到了社会主义建设时期，"一桥飞架南北，天堑变通途"武汉长江大桥的落成；我们也不会忘记，祖国改革开放事业取得的重大成就：高铁奔起、C919大型客机首飞、嫦娥四号探测器奔月、神舟十一号载人飞船发射成功、北斗卫星导航系统取得伟大成就等。

我们会永远铭记：1998年长江抗洪救灾斗争的伟大胜利、2018年汶川抗震救灾斗争的伟大胜利、我们亲身经历的抗击新冠肺炎疫情斗争的伟大胜利。中国共产党一个又一个伟大成就的取得，既是全党上下团结奋斗的结果，也是每一位党员齐心协力奋力拼搏的结果。

此时此刻，我想起了一位老党员，他叫庞耀彬。他是一位普普通通的科学教师，因学校工作需要，他转岗到了门岗，对于角色的转变，他没有一丝一毫的怨言，毅然决然地服从了学校的安排，这就是一名老党员的精神境界。后来，他得了喉癌，住院手术后，当我们去看望他时，他躺在病床上，已经不能说话了。他让妻子拿来纸和笔，作为和我交流的工具。他询问了学校发展的近况，对学校未来的建设提出了宝贵的意见和建议。他写着，我答着，持续了半个多小时。这样一场特殊的对话，让我刻骨铭心。庞老师临终前，托妻子转交给学校党组织2000元特殊党费，这是他对党的深情和忠诚，他的赤诚之心值得我们每一位党员学习！

在党的生日前夕，我们每一位党员都要牢记党的奋斗历程，不忘我们从哪儿来，明白我们到哪儿去。如果每一位党员都能做到像庞老师那样：服从安排，听党指挥，在重病中还心系着学校的发展，临终前通过交纳特殊党费来表达对党的忠诚和深厚感情，那就是我们献给党的生日的最好礼物！

一路走来，我们懂得了中国力量的伟大，感恩于我们伟大的党！作为一名教育者，我们要坚定信念，不忘初心，永远跟党走！新时代我们会以更加昂扬的精神状态，迎难而上，铭记立德树人使命，着力培养学生的高尚情操、远大志向、报国情怀和创造精神，增强学生的社会责任感，为我们党的教育事业发展作出更大贡献！

案例解析

这篇讲话稿作于2020年党的生日前夕，祝贺我们伟大的党九十九岁华诞。回想一路走来，我们的党经历了多少风风雨雨，走过了多少泥泞险滩，九十九年只是历史长河的瞬间，但对于中国，对于中国人民，这不只是简简单单的一个数字，它涵盖了太多的沧桑、苦难、坎坷、挫折，它饱含着血与泪、挣扎与嘶吼、抗争与拼搏、平凡与伟大！穿岁月峰头，伴历史云烟，作为中国共产党员，我们要永远颂党恩，永远跟党走！

张化芬 济源市济水街道办事处西关学校校长

河南省中小学名校长、河南省优秀管理人才、河南省学术技术带头人、济源市首届名校长，33 年的教育生涯，以课程改革和七彩教育行走于济源教育的前沿。

梦想从这里起航

——在 2019 届毕业典礼上的讲话

各位老师、家长朋友、同学们：

你们好！伴随着成长的喜悦，洋溢着收获的激动，今天，西关学校六年级全体师生和家长代表聚集一堂，隆重举行 2019 届学生“忆芬芳童年 绘七彩未来”毕业典礼。在这离情依依的时刻，请允许我代表学校向经过勤奋努力学习，圆满完成小学学业的同学们表示最热烈的祝贺，向付出辛勤汗水和心血的六年级全体教师致以最崇高的敬意！

同学们，六年的时光是短暂的、美好的、难忘的。六年前，你们带着稚气的笑脸、求知的激情、成长的渴望，投入了西关学校的怀抱，融进了校园生活。回首来时的路，你们从一个个懵懂的稚嫩孩童，长成如今的翩翩少年，在这个百花园中留下了深深浅浅的足印。柳园里，你们与黎明共舞，手捧诗篇，经典诵读，为生命涂上了厚重的底色。操场上，你们手持啦啦花，自信阳光，舞动身姿，在律动中强身健体。课堂上，你们全神贯注，才思敏捷，在师生互动中吮吸着知识的甘露。读书节、艺术节、科技节、体育节，学校四大节上，你们尽展才能，精彩绽放。

七彩课程更是成就了全面发展的你们。阅读课程，近百本书籍的漂流，你们畅游书海，摘录精华，相信阅读点亮人生。乐器课程，不同学段的竖笛、横笛、葫芦丝的吹奏，吹响了你们的七彩童年。研学课程，将课堂从校园搬进社会，将学习内容从书本拓展到大自然，你们走遍家乡的山川河流，实践中领悟了愚公移山的精神，科技馆里感受了现代科技的魅力，稻米地里体验了农民收获的喜悦……

七彩教育伴随着你们走过了七彩的童年，同学们，今天我们站在这里，站在小学毕业的门槛上，你们即将带着梦想扬帆远航。学校期待你们用自己的努力去书写充实而有意义的人生。你们听我讲了六年的故事，今天最后讲两个小故事，与你们共勉。

树立理想。凡事预则立，不预则废。周恩来从小志高，1911 年的一天，正在上课的魏校长问同学们："你们为什么要读书？"同学们纷纷回答：为父母报仇，为做大学问家，为知书明礼，为让妈妈、妹妹过上好日子，为光宗耀祖，为挣钱发财……等到周恩来发言时，他说："为中华之崛起！"魏校长听后一惊，又问一次，周恩来又加重语气说："为中华之崛起而读书！"周恩来的回答让魏校长大为赞赏。周恩来之后为之奋斗终生。这种坚定的理想信念和执着的人生追求永远是你们学习的典范。同学们，希望你们早日树立自己的远大理想，并朝着目标去努力。

勇于拼搏。中国女排，是世界体坛不断创造奇迹的一支劲旅。从 20 世纪 80 年代的"五连冠"到如今再度夺取奥运冠军，多年来，中国女排团结奋进、勇于拼搏、永不放弃，不断用行动诠释和丰富着中华民族精神和与伟大时代精神结合而成的女排精神。多年来，尽管女排队员换了一批又一批，但女排精神一直在激励着这支队伍成长、成熟，向新的胜利目标奋进。她们的这种精神，正是你们成长路上需要的前进动力。

"未来"，是一个充满了无限想象和惊喜的词，而现在的你们，更是正处在需要展望未来的年纪。希望你们像周总理一样，像中国女排一样，**不管以后遇到怎样的坎坷，都不要放弃对明天的向往和期待。**只有这样，你们才会成为一个充满了希望和能量的少年，才能在学习和生活中逐渐突破自我，向未来进军！

忆芬芳童年，绘七彩未来。

树立理想！勇于拼搏！展望未来吧！

亲爱的孩子！人人皆可成优秀，**人人皆可为尧舜。别忘了有人会驻足在你们的身后注视着你们向上攀登，倾听着你们的骄人战绩。**不管你们走向何方，高飞何处，你们永远是老师的孩子，西关学校也永远是你们的家。欢迎你们常回家看看！

再见了，孩子们！永远祝愿你们健康快乐，心想事成！

案例解析

《梦想从这里起航》主要以毕业典礼“忆芬芳童年 绘七彩未来”作为框架，分为两部分：第一部分围绕学校办学特色实施七彩教育，凸显学生沐浴七彩课程，健康阳光的成长。第二部分以学生熟知的“校长讲故事”方式，用“周恩来从小立志”和“女排夺冠”两个小故事对学生提出了希冀，鼓励孩子在未来的成长路上奋力前行。

七彩教育：西关学校的办学理念是“努力让每一朵花儿灿烂绽放”，办学目标是“建设一所师生快乐成长的百花园”，学校的每一个师生如花儿朵朵在学校这片沃土上灿烂绽放。教育是多元的，花儿是七彩的，在办学理念和办学目标的引领下，我们形成了学校的办学特色：实施七彩教育，绽放精彩人生。赤橙黄绿青蓝紫，谁持彩练当空舞？学校以七彩教育为核心，精心打造了七彩环境、七彩德育、七彩课程、七彩课堂、七彩社团、七彩评价等重点工作，以七彩教育丰盈七彩校园，点亮七彩童年。

七彩课程：未来教育，课程为王，七彩课程建设是学校的核心工作，是七彩教育的一项重要内容。它包括阅读课程、乐器课程、研学课程、水育课程、脸谱课程、书法课程、机器人创客课程等。

彭根峰 邓州市第六高级中学校副校长

全国中小学骨干校长、全国基础教育校本科研拔尖人才、河南省中小学名校长、河南省优秀教师、河南省学术技术带头人、河南省骨干教师、河南省基础教育教学成果奖、河南省特级教师。

伴你快速成长
——在青年教师培训会上的讲话

各位老师：

“世界是你们的，也是我们的，但是归根结底是你们的！”正因如此，作为一名老教师，我想把自己的经历和思想分享给你们，衷心希望对你们有所启发和帮助。

一、拜师

拜师，拜名师为导师，这对青年教师的成长最为便捷。

我大学毕业时，和在座的各位一样，也是揣着梦想，满怀激情地走上了讲台。一学期下来，我觉得自己已经竭尽全力，而领导、家长和学生还有不同程度的意见。我很沮丧，不断地反思，寻思着到底该怎样突破自我？静思之余，我找到了德艺双馨的韩老师，渴望能拜他为师。被我的真诚所打动，韩老师同意了我的请求。没有拜师仪式，也没有更多人知道此事。为了尽可能多听韩老师的课，我到教导处调了课，凡是韩老师的课必听，课后与韩老师就教材内容、材料选取、二次备课、德育渗透、考点处理、课后反思等进行深入的讨论。与此同步，每周韩老师至少听我一节课，课后给我点拨指导。韩老师也很喜欢我这个好学的徒弟，每次参加省、地、市的教研会、交流会，也都尽量带上我，让我有机会与更多名师交流。经过三年磨炼，我的业务水平迅速提升，走进了名师的行列。而和我同期毕业的不少青年教师还在自我摸索，这就是差别。

我的成长与我的一路拜师密不可分，我做校长后的第一件事，就是在我们学校确立“导师制”机制，为青年教师的成长搭建平台。通过这个平台，让全校教师结对子，帮助年轻教师快速成长。我希望在座各位能从中受益。

做校长后的第二件事，就是拜名校长为师，十年的磨练，使我成为邓州市目前唯一的一位获得“河南省名校长”荣誉的校长，我们学校也成为邓州市在新中国成立以来唯一受国家表彰的教育先进集体。

他山之石可攻玉，拜师学艺取真经。以名师为师，你可能就是下一位名师。

二、反思

一个想要有所作为的青年教师，应该努力做好个体反思，积极参与集体反思。

教师的个体反思，是最重要的教学实践活动，是教师自我觉悟、自我提升的过程，也是教师专业成长的有效途径。叶澜教授也说：“一个教师写一辈子教案不一定成为名师，如果一个教师写三年的反思，有可能成为名师。”

为帮助老师进行个体反思，在河南大学魏宏聚教授的帮助下，我们开展了“视频录像条件下的教科研活动”，这就像在我们面前挂了一面镜子，为教师个体的反思提供了无限性。希望各位反复观看自己的录像课，并写下反思，然后再修改教案，再上课，这样反复几次，就可以明确细致地比较出自己进步的幅度了。

除自身实践的反思外，大家还应借鉴同行教师，反思他们的优秀和不足之处。不但在尊敬同行中完善自己，还应在“读多家之言”中反思自我，从古今中外的名家名著中吸取营养。听得多了、看得多了，“悟道”就越来越深了，自己的教学水平就逐步得到发展和完善。

三、绝活

绝活儿是教师学识的重要组成部分，往往在教学中起到画龙点睛之用。学生说某某老师讲得好，很大程度上是称赞老师的绝活。比如：语文杨老师对古诗词的吟诵，能让人静静地渐入作者的意境；袁老师和学生谈心，循循善诱，记录下来就是一篇绝妙论文；吴老师，手拿粉笔在黑板上轻轻一抖，一幅地图就展示出来了，而且准确程度与教科书相差无几，还有张老师、宋老师，等等，不胜枚举。教师的绝活儿，可以与教师所教的学科有关，也可以与所教学科无关。例如：简笔画，顺口溜等，可以用到各学科中；音乐可以渗透到语文教学中；吟诵融入政、史、地教学中；等等。

拥有专业知识又有辅助教学的绝活儿，这使得教学富有情趣，让你的专业素养与个人魅力相得益彰。信其道亲其师，学生自然会喜欢你的课。

四、交流

只有与学生进行了平等的情感交流，师生才能进行有效的知识交流，教师才是真正意义上的教师。而要做到真正的情感交流，关键取决于教师。其一，教师要了解学生的心理动态和情感需要，尽量减少代沟；其二，教师要抛下师道尊严的面子，放下架子、俯下身子；其三，教师要尊重学生，宽容学生，该容人处且容人。

一个能与教师倾心交流的学生是幸运的，一个能与学生平等交流的教师是幸福的。作为一个教师，更重要的是在交流中把学习的热忱感染给学生。

拜师，修身手；反思，修眼力；炼绝活，修功力；交流，修情感。名师修的就是心境。

“人不知而不愠”“行不言之教”“处无为之事”，常以悲悯之心教化每个学生，静待花开，就一定会桃李芬芳。

一花一世界，我们的教育使每个学生有信仰了，我们的民族就更有希望了，我们的国家就更有力量了，那我们的教育也就成功了。

案例解析

本讲话稿系校长在青年教师培训会上的讲话稿。青年教师精力充沛、情感丰富、知识结构新颖，期盼快速成长，但教学经验不足、教学艺术欠缺、教学广度有限。本讲话稿结合自身的经历，从细微之处着手，讲述了教学艺术提高和心理发展的路径，丰富了青年教师的教学理念，为他们提供了可借鉴的方法。教师反馈良好。

本讲话稿告诉青年教师，成长不是一蹴而就的事情，是从“炼身手”到“修心境”，从低到高逐步发展的过程。只有在“炼身手”中“修心境”，才能培养出“完整的人”。

本次讲话的对象是初涉教坛的青年教师，侧重于分享“炼身手”，其他内容可粗略一些。

李万里 河南师范大学附属小学校长

河南省特级教师、河南省中小学名校长、河南省教师教育专家、河南省教学标兵、全国首届教育硕士优秀学员、河南师范大学兼职硕士生导师、河南师大优秀党员、河南师大先进教育工作者。

走进古都安阳，探究汉字文化

——在研学活动出发前的讲话

同学们：

中小学生研学旅行是由教育部门和学校有计划地组织安排，通过集体旅行、集中食宿等方式开展的研究性学习和旅行体验相结合的校外教育活动，是学校教育和校外教育衔接的新形式，是教育教学的重要内容，是综合实践育人的有效途径。**我们河南历史厚重、山川壮美、人杰辈出、物产丰富、文化灿烂、源远流长；我们河南是中华民族的孕育地，是炎黄子孙的根源地；围绕着“老家河南”“红色河南”“厚重河南”“生态河南”“出彩河南”等主题，我们河南有着丰富的研学资源。**

汉字是我们中华民族的智慧结晶和无价瑰宝，她不仅承载着中华文明，而且蕴含着丰富知识。汉字是我们祖先在长期社会实践中，通过象形、指事、会意、形声等四种主要的造字方法创造出来的。汉字产生以后，形体发生过很多变化，它们先后被称为甲骨文、金文、小篆、隶书、楷书等。我国目前发现的最早的成系统的文字——甲骨文，就是在我们安阳市发现的！

今天，我们学校五年级 3 个班将奔赴安阳，到殷墟宗庙宫殿遗址公园、中国文字博物馆研学基地，开展“走进古都安阳，探究汉字文化”为主题的研学活动，探究汉字文化，感受“厚重河南”，大家都准备好了吗？

两周前，学校给大家推送了“七朝古都安阳”“甲骨文”“殷墟简介”“中国文字博物馆简介”等丰富的文本资料；推荐了“河南安阳殷墟”“中国文字博物馆”等与本次研学活动主题内容相关的网站，让大家浏览、学习；提出了“甲骨文是怎么被发现的？刻有文字的龟甲、兽骨是什么样子的？”等7个研学问题，让大家通过自主、合作、探究的学习方式，寻找这些问题的答案。昨天，在各班开展的行前交流课上，老师们非常欣喜地看到，通过自主学习、小组交流、班级分享、相互质疑、共同讨论，同学们圆满地解决了这些问题，感受到了汉字文化的丰厚博大！

纸上得来终觉浅，绝知此事要躬行！

上午，我们到殷墟宗庙宫殿遗址公园研学基地，开展研学活动。首先，参观了殷墟博物馆文字厅，重点探究两个方面问题：一是什么是甲骨文？甲骨文是怎样被发现的？仔细观察刻有文字的龟甲、兽骨是什么样子的？二是我国最古老的钱币是什么做的，“贝”作偏旁汉字的意思大多与什么有关，为什么？其次，到甲骨文碑林辨认石碑上的甲骨文，探究其字义和字形，充分发挥想象，猜猜是什么汉字，记录下来自己感兴趣汉字的甲骨文。最后，到甲骨文写意书法展长廊，认真观看“同人体有关的字”“同人体器官有关的字”“同自然有关的字”“同人类行为有关的字”四部分内容，寻找自己所感兴趣的汉字在甲骨文中的写法并记录下来。

下午，我们到中国文字博物馆研学基地，开展研学活动。首先，同学们跟随研学指导师，参观中国文字博物馆的前厅、序厅、字法自然、甲骨纪事、钟鼎千秋、物以载文、文字统一、由隶到楷、说字传义等基本陈列展厅，理清我们中华民族汉字的发展脉络。其次，重点在“一片甲骨惊天下”专题陈列展厅开展研学活动。请同学们认真观看“甲骨现世”“科学发掘”“卜以问疑”和“文字解读”四个单元内容，了解安阳殷墟甲骨文的发现、发掘和研究历程，感受“一片甲骨惊天下”的意义。

研学活动结束后，请同学们按时完成《研学手册》，及时整理研学笔记，认真撰写研学报告等。学校将安排各班尽快组织召开研学成果汇报会，并且邀请你们的家长参加。学校将根据同学们的表现、研学效果，评选出“研学小达人”并进行表彰！

最后，请同学们注意安全，发扬团体精神！确保我们这次研学活动圆满成功！

案例解析

参加研学活动，学生很兴奋、很激动；开展研学活动，学校很纠结、很忐忑。学校针对安全问题，前期做了充分准备，制定预案并且进行演练。研学活动出发前的讲话，重点围绕研学活动主题展开。首先，简单回顾了出行前的准备工作，让学生明白参加研学活动的目的。其次，重点强调研学活动的具体行程、需要解决的问题，让学生明确此行的任务要求。再次，布置研学活动结束后的汇报活动。本讲话内容，建立在充分了解学情的基础上，言简意赅，便于学生执行。

齐振富 洛阳外国语学校校长

全国特色教育先进个人、全国教育信息化建设先进个人、河南省名师、河南省特级教师、河南省教育厅学科技术带头人、河南省优秀教育工作者，河南省中小学名校长。

岁月不居，时节如流
——迎新春致辞

亲爱的各位老师，同学们：

冬至阳生春又来，天时人事日相催。我们告别了辛勤耕耘、收获满满的2018年，走进了充满希望、开拓奋进的2019年，即将迎来己亥猪年春节。在此，我代表学校党委，向辛勤耕耘、积极奉献的洛阳外国语学校（以下简称洛外）的全体教职员工致以最崇高的敬意，向理解支持学校各项工作的全体职工家属致以最诚挚的感谢，向全体洛外人致以最真诚的节日问候和最美好的新春祝愿！祝大家新年快乐！

2018年，我们过得很充实、走得很坚定。在“精彩教育，幸福人生”办学理念的指引下，我们坚持“实实在在做事，做实实在在的事”的工作原则，切实落实“强化常规管理、打造最严洛外”的各项措施，在实现洛外由名校到强校跨越的道路上迈出了坚实的一步。英语优势突出、小语种特色鲜明、教学质量一流的洛阳外国语学校正逐步引起社会的广泛关注和人民群众的高度认可，精彩洛外、品牌洛外、辉煌洛外、幸福洛外正迎面向我们走来。“洛阳市最好的公立初中，洛阳市最有特色的高中”，这是我们必须为之不懈奋斗的战略目标。

高考一本上线人数和中考过涡阳一高线人数再创新高，新初一新高一小语种招生获得重大突破，西安交通大学少年班初试过线 2 人，这些成就是全体洛外人撸起袖子加油干出来的，是新时代奋斗者挥洒汗水拼出来的。在此，我向广大教职员工表示热烈的祝贺、衷心的感谢！并致以崇高的敬意！

今天，我们隆重举行“年度功勋教师”和“模范工作者”表彰。年度功勋教师，就是一年来在教学一线干得最好的教师，工作最努力、成绩最突出、贡献最大的教师。评选年度功勋教师，是为了在学校树立标杆、弘扬正气、传递正能量，进一步激励全校教师爱校、敬业、勤业、精业，不断推进我校教育事业可持续发展，意义重大。首批 11 个年度功勋教师，是洛外人奋斗拼搏的缩影，在他们中间，有兢兢业业奋斗了数十年的老教师，有年富力强、经验丰富的中年教师，有朝气蓬勃、活力迸发的青年教师，他们身上体现出来的精神，是洛阳外国语学校最宝贵的财富。让我们把掌声送给他们！

我们还要把掌声送给 45 位模范工作者，他们是洛外人踏实肯干的代表。在他们身上充分体现了“我是洛外人、洛外是我家、我爱这个家”的价值追求，充分体现了“拼搏、奋斗、坚持、创新”的洛外精神，他们无私奉献、兢兢业业，在各自的岗位上做出了突出贡献，在洛外这片教育的热土上洒下了辛勤的汗水，值得我们赞美和学习。让我们把掌声送给他们！

2019 年是新中国成立 70 周年，是五四运动 100 周年；2019 年也是洛外奋力实现“由名校到强校跨越”的关键一年，是强化常规管理、打造最严洛外的提升之年，是全面规范学校管理的重要一年。2019 年，有机遇也有挑战，我们还要一起拼搏、一起奋斗。虽然前进的路上困难重重，但我们豪情依然、信心满满。认真扎实做好新一年各方面的工作，书写洛外发展的新篇章，我们重任在肩，责无旁贷。

“岁月不居，时节如流。”2019 年，**我们都是追梦人**。新的一年开启新的希望，新的征程承载新的梦想。让我们齐心协力、抓住机遇、团结拼搏、锐意进取，用辛勤的汗水、勤劳的双手和智慧的头脑为自己、为洛外编织幸福生活！**以坚如磐石的信心、只争朝夕的劲头、坚韧不拔的毅力，一步一个脚印把洛外的教育事业推向前进**。愿洛外明天更美好！

再次恭祝大家新年快乐，身体健康，阖家幸福！

案例解析

时值期末，岁至新年，教职工迎新文艺汇演暨表彰大会即将开始。表彰大会的意义在于培育先进典型、鼓励培养行为规范、提升集体凝聚力、增强集体竞争力、激发骨干分子热情。以这样一篇接地气、有生气、显正气、透锐气、溢活气的致辞开场，在赢得教职工热烈掌声的同时，凝聚起全校上下团结一心加油干的拼搏热情。

“实实在在做事，做实实在在的事”“英语优势突出，小语种特色鲜明，教学质量一流”“精彩洛外，品牌洛外，辉煌洛外，幸福洛外”，用浅显易懂、实在管用的短句，体现学校掌舵者的思维层次、能力水平、办学底气，以提纲挈领、实在管用的讲话直击重点，得到广大教职工的理解和支持，收到声声入耳、动人心扉的效果。

追热点

——讲话活泼方出亮点

讲话怎么跟上当下热点

李明　河南省淮滨高级中学校长

河南省淮滨高级中学校长。教育部中小学领航校长 、全国优秀校长，全国优秀教师。享受国务院政府特殊津贴专家 、河南省政府特殊津贴专家，国家级基础教育教学成果二等奖主持人。凝缩出“教育：生命对生命的影响”教育思想。

校长讲话怎么跟上当下热点

校长的讲话对师生来说具有极其重要的教育价值，因为校长的讲话代表了学校方向，能够强化师生的价值追求；校长的讲话凸显了学校精神，可以点燃师生的激情；校长的讲话体现了顶层智慧，能够指导教育教学。

一些与自身利害息息相关的热点问题通常能够引起师生的普遍关注，校长的讲话要想跟上当下热点，从而在讲话中恰当地表现出对热点问题的观点、态度和认识方法，就必须立足学校教育本质、坚持对教育政策理论的学习、密切关注时代的发展、深入思考学生的未来。

一、学习政策理论：引领教师发展

学习是一个人一生的事情，作为校长，最关心的就是教育政策理论。校长只有不断学习，才能及时了解最新的政策理论，准确把握教育改革的最新发展动向，及时调整学校的发展战略，并将这些变化及时传达给学校教师，引领教师明确育人目标、提升理论素养。

校长需要坚持学习的内容很多，但我认为以下几个方面的知识必不可少：

一是钻研中华优秀传统文化。党的十八大以来，围绕传承和弘扬中华优秀传统文化，习近平总书记发表了一系列重要论述，指出要结合新的时代条件传承和弘扬中华优秀传统文化。要想**充分挖掘和发挥传统文化的教育功能，使学校教育能够扎根于优秀传统文化，**校长首先要多学习、深钻研，领会其中的丰富内涵，这样才能根据讲话场景，适时体现时代热点。

如在2018年暑期学校教师培训会上的讲话，我所强调的要以优秀传统文化涵养师德，也正契合了这一热点：

老师们：

在新时代背景下，重建师德，改变教师群体的生命状态，用中华优秀传统文化涵养师德，可以培养教师良好的师品师德，提高生命的质量，提升影响的效果。这与我校的教育思想和培养目标是高度契合的。因此，加强师德修养必须重视在中华优秀传统文化中汲取营养。

《论语》中有这么一句话：

子曰："我非生而知之者，好古，敏以求之者也。"

孔子能做到"发愤忘食，乐以忘忧，不知老之将至"，能够有"学如不及，犹恐失之"的勤奋态度，能够有"朝闻道，夕死可矣"的求道精神，也唯其如此，才能做到"吾十有五而志于学，三十而立，四十而不惑，五十而知天命，六十而耳顺，七十而从心所欲，不逾矩"。不是到了特定的年龄就能"立"、能"不惑"、能"知天命"、能"耳顺"、能"从心所欲，不逾矩"的，这些都必须以"志于学"为前提，以"敏于行"为基础。

——节选自《"师德研修"开班致辞》

二是学习国家大政方针、教育政策。通过学习，把握时代脉搏，明确学校教育的根本任务。如深入学习习近平总书记教育思想：把立德树人作为教育的根本任务，坚持把服务中华民族伟大复兴作为教育的重要使命，培育和践行社会主义核心价值观，加强中华优秀传统文化教育，在坚定理想信念上下功夫，扭转不科学的教育评价导向。校长要通过学习，才能准确定位学校发展，确立培养目标。

三是领会主题工作会议文件精神。认真学习、领会当前热点事件中与教育密切相关的省、市、县等各级文件和会议精神，思考其背后的教育意义。如2019年开展“不忘初心、牢记使命”主题教育专题学习，2020年疫情防控时期学习落实中共河南省委高校工委、中共河南省教育厅党组印发的《关于在全省教育系统开展“把灾难当教材 与祖国共成长”主题教育活动的指导意见》等。只有不断学习，才能将自己融入不断发展的社会大环境中，将学校外界发生的事情融入当下的学校教育中，用正确的教育导向引领师生发展。

总之，校长要坚持学习和积累，保持先进的理念，才能不断提高自己的思想站位，让讲话充满时代感。

二、关注时代发展：改革育人方式

在党和政府的正确领导下，我国社会飞速发展、日新月异。社会分工日益精细化、科技发展催生各行各业的变革等现实状况也对当前教育提出了新的要求。作为校长，一定要关注时代发展，引领学校积极顺应并融入时代发展中去。

一是了解时代特征。现阶段，我国已进入新的历史发展时期，国民经济稳定、迅速而健康的发展，国家社会生产力水平明显提高，人民生活显著改善。在这样以发展为主旋律的时代背景下，教育也正历经着一系列的变革。校长应积极思考：在当今的时代背景下，教育教学工作应如何开展？如何利用新的科研成果促进教育教学效果？如何解决新时代的学生所面临的问题？如何创新性地开展教育教学工作，为未来培养更多的人才？我认为，只有将自己的工作与社会和国家联系起来，才能真正将教育做好。

二是把握时代主题。一个时代有一个时代的主题，当前，民族复兴的时代主题对教育有了新的呼唤，党和国家对教育提出了新的要求和变革。**教育的对象是时代中的人，教育的目的是培养时代新人，把握时代主题才能正确把握教育变革的方向。**如对于普通高中教育，2017 年 9 月中共中央办公厅、国务院办公厅印发了《关于深化教育体制机制改革的意见》，提出要推进普通高中育人方式改革；2019 年 6 月，国务院办公厅发布《关于新时代推进普通高中育人方式改革的指导意见》，强调要推进普通高中育人方式改革。这就要求普通高中的校长应基于时代主题，致力于育人方式的改革，以培养能够承担民族复兴重任的社会主义建设者和接班人。

在 2019 年全县高中教育工作会议上，我的发言就集中体现了这一热点：

> 育人模式创新首先是校长思想观念的转变，立足于高中教育更加需要生命对生命的影响。
>
> 今年 6 月，国务院办公厅印发了《关于新时代推进普通高中育人方式改革的指导意见》（以下简称《意见》），这是 21 世纪以来国务院办公厅出台的第一个关于普通高中教育改革的重要纲领性文件，也是关于普通高中育人方式改革的具体要求和部署，《意见》明确了“到 2022 年，德智体美劳全面培养体系进一步完善，立德树人落实机制进一步健全”的总目标，并具体指出了“新课程新教材实施、教育教学改革、选课走班教学管理、教育评价和考试招生、师资和办学条件”等几个方面的改革目标，对于普通高中积极探索育人方式的改革与创新具有更好的导向作用。
>
> 《意见》更准确地定位了普通高中的教育功能和使命，有助于学校进一步明确方向，确定培养目标，落实立德树人，培养具有适应终身发展和社会发展需要的正确价值观念、必备品格和关键能力的德智体美劳全面发展的社会主义建设者和接班人。
>
> ——节选自《为了更好地出发——淮滨县高中教育生态与学校新样态的思考》

三是紧跟时代变化。时代飞速发展，唯变不变。当前，持续强劲的经济增长、互联网领域的飞速发展、科学技术的创新发现等已经将我们带进了一个崭新的天地，立足于当下只能满足短时期的发展需求，紧跟时代变化才能让学校教育始终助力学生的生命成长。这就要求校长坚持学习、思考并践行党和政府的教育理念，结合本校实际积极开展创新性尝试，让学校教育永葆青春活力。

总之，校长讲话中对于热点问题的分析与态度，往往影响着学校的发展方向，所以校长要密切关注时代，在教育教学实践中注意结合时代背景，深入思考、提升认识，不断加深对教育的理解。

三、思考学生未来：强化使命担当

一个时代有一个时代的担当。随着历史的发展，时代的更新，教育也有其新的内涵。校长讲话要立足当下，面向未来，强化学生的使命担当。如在“教育：生命对生命的影响”的思想引领下，我们树立了“为生活幸福奠基，为生命精彩引航，为使命担当铸魂”的学校教育价值追求，并把其作为师生生命成长的根基。

一是为学生的生活幸福奠基。唤醒人性中的善良，引导学生更主动、更客观地认知世界、体悟生活，使生命在成长与发展过程中更易获得满足感和幸福感。让感恩、感动、感悟成为学生心理情感的基本要素，从而为个体拥有幸福的生活奠基。

二是为学生的生命精彩引航。把教育的本质理解为精神的传递、方向的引领和能力的提升，把教育的目标指向改变生命的存在状态，丰富人的生命，使人获得提升生命的重要潜质，引领生命走向属于自己的精彩。

三是为学生的使命担当铸魂。每一个生命对于家庭、社会、国家、人类，都必须有自己的使命和担当。唤醒人对自我生命价值的思考与追求，注重人精神世界的丰富，使人因自身精神的追求而产生创造价值的使命感，并自觉承担起个人责任与时代使命。

如 2020 年初的新冠肺炎疫情暴发，人们经历了这场灾难，并对它有了深刻的反思。

在开展“把灾难当教材 与祖国共成长”主题教育活动期间，我在网上与全体同学进行了一场题为《汲取力量 抱道而行》的对话交流：

同学们！现在，经历过这些不一样的你又踏上了征程。为了生活的幸福，为了生命的精彩，为了使命和担当，我希望你们前行时，要带着那些能够让自己行得更远的精神和力量。

一是从传统文化中汲取力量——发扬“仁、智、勇”，以“德”养性。

中华优秀传统文化积淀着中华民族最深沉的精神追求，你们要努力传承和弘扬中华优秀传统文化，善于从优秀传统文化中汲取营养。先圣孔子认为“仁、智、勇”是天下的三大德，要求学生“通习六艺，臻于三德”，我们要坚持以“德”养性。

二是从学校精神中汲取力量——坚持“心、意、知”，以“行”成志。

学校精神是基于学校文化积淀而散发出的“精气神”，凝聚着全体师生的共同追求。淮滨高级中学“上下求索、学以致用”的学校精神，“正心、诚意、致知”的文化因子集中体现了知行合一的目标指向，你们要善于从学校的精神中汲取力量，以“行”成志。

三是从理想人格中汲取力量——追求“真、善、美”，以“品”润身。

理想人格是一定社会的道德要求和道德理想的最高体现。弗洛姆说过：“人生的主要使命，是自我成长，成为与他潜能相符的人。人生奋斗最重要的成果，就是自己的人格。”一个具有生命自觉的人一生都在修炼美好品质、提升精神境界、向往理想人格。习近平总书记说，“广大青年人人都是一块玉，要时常用真善美来雕琢自己，不断培养高洁的操行和纯朴的情感”。我们要善于从理想人格中汲取力量，在悟中前行，追求真善美，以“品”润身。

——节选自《汲取力量 抱道而行》

语言是思维的外壳。校长讲话包含了自身对教育本质的理解，既能体现新时代学校教育的根本任务，又能体现自身对时代的责任与担当。

基于时代主题、联系当前形势、立足学校实际、针对重点问题的讲话，更容易在师生心中形成深刻的文化记忆，具有持久育人的效果。所以，**一位好校长应该把握时代脉搏，紧跟当下热点，基于校情学情，用饱含力量和智慧的讲话引领学校发展、师生成长。**

王瑞 郑州市第二高级中学校长

正高级教师，特级教师，享受国务院政府特殊津贴专家、河南省政府特殊津贴专家，首届国家基础教育教学成果二等奖项目主持人，教育部名校长第10期优研班学员，全国群众体育先进个人，河南省优秀教育管理人才。

坚守教育初心 坚持立德树人

校长讲话是校长领导力的一个重要组成部分和一种呈现方式，体现了校长的教育理念、价值观、工作思路以及工作方法，也充分反映了校长的语言艺术。在学校治理和教育教学工作中，校长讲话成为动员和鼓舞教师和学生坚持立德树人、实施素质教育、培养德智体美劳全面发展的社会主义事业建设者和接班人的重要途径。因此，**校长既要练好内功，也要练好外功，充分发挥好讲话的激励作用、教育作用和引领作用，努力达到“听君一席话，胜读十年书”的教育境界。**

虽然说影响校长讲话质量和水平的因素有很多方面，但是有一点是肯定的，那就是**校长的讲话要体现国家意志，跟上时代的节拍，要紧紧契合教育的发展趋势和发展方向，勇于面对教育的热点问题和社会热点问题，回应社会和师生的关切，**只有这样才能引起听众的广泛共鸣，取得教育效果的最大化。

一、牢记初心使命，坚持立德树人

立德树人是学校的立身之本。从全国教育大会精神，到习近平总书记对教育改革发展事业的统筹布局和关于教育的一系列重要论述，充分表明党中央对立德树人这一教育根本任务的高度重视。普通高中阶段教育承接着基础教育和高等教育，在立德树人教育中具有重要地位和作用。作为校长要牢记初心和使命，超越应试教育和功利主义，站在建设有中国特色的社会主义和民族复兴大业的高度来引领学校教育和学生发展，这既是学校教育的基本点也是校长讲话的立足点。

厚植信仰，以榜样力量提升社会主义核心价值观育人实效。立德树人的关键是培养学生正确的世界观、人生观和价值观。当前，各种思想文化交流、交融、交锋，互联网上众声喧哗，学校需要用正能量、主旋律来积极引导并不断强化学生践行社会主义核心价值观的主动性和忠诚度。在育人过程中，我校一直强调**尊重学生的认知规律和成长规律，尊重价值观教育从感性到理性的递进规律，强调用身边人、身边事来影响学生，用榜样的力量来教育引导学生。**

2020年，在高三毕业典礼大会上，我的讲话中充分表达了社会主义核心价值观在育人目标中的突出作用：

> 志存当高远，坚定地与国家、时代同呼吸、共命运。就如你们在歌词中写的那样，你们“生于非典，考于肺炎”，貌似你们很不幸运，但如果细细想来，你们又是非常幸运的。新冠肺炎疫情就像一面放大镜，让我们更清楚地看到了社会中的林林总总，上至国家担当，下至人情冷暖。同样面对疫情，同样面对国民生命健康受到严重威胁的情况，不同国家的政府交出了不同的答卷，“生命至上、人民至上”的理念贯穿于我国疫情防控的始终，让每一个中国人都感到无比的幸福与自豪。沧海横流方显英雄本色，危难之时，钟南山、李兰娟、张文宏等最美逆行者的身影，让我们领略了这个时代真正英雄的风采，也把大爱、责任和担当再一次深深烙在我们每个人心里。同学们，上了众志成城战疫情这一课，我相信，你们在进行人生第一次重要选择时将更加坚定，做出的决定也将更有境界和格局。

践行使命，打造学校德育工作合力。立德树人需思政教育和学科教育并重，不可偏废。学校强调推进全学科育人、全员育人，在教书育人过程中营造德育磁场，帮助学生形成自我发展意识和健全人格。一是以机制统筹实现教师教育学科引领发展，二是以内容统筹推进课程德育与思政课程协同发展，使各类课程与思政课同向同行、形成育人合力。同时，进一步加强学科专任教师、思政课专任教师、党务工作者三支队伍建设，不断提升业务素养和德育工作水平。

教师先行，做好学生引路人。坚守教育初心，坚持立德树人，始终是我们的初心和使命。教师要成为先进思想文化的传播者、党执政的坚定支持者、学生健康成长的指导者，以更好引导学生自觉融入坚持和发展中国特色社会主义事业、建设社会主义现代化强国、实现中华民族伟大复兴的奋斗之中。

不忘初心，方得始终，我们要以精益求精的教学态度，与时俱进地探索教育规律，改进教学方法，点燃学生的求知欲和思维火花，用实际行动交出一份践行初心使命的合格答卷。

在2018—2019学年上期开学典礼大会上，我的讲话集中体现了学校立德树人的价值追求，以及相应的教育创新举措：

> 老师们，随着人工智能创新班的开设、特色实验班的提升，随着信息化、国际化、自主化发展战略的不断推进实施，你们也将面临更多的机遇和挑战。我坚信，我们的老师一定会牢记立德树人的根本任务。我也坚信，我们的老师一定会做好学生“锤炼品格的引路人，学习知识的引路人，创新思维的引路人，奉献祖国的引路人”，春风化雨般引导学生们既具有浓厚的家国情怀，又具有宏大的国际视野，努力让他们站到更高处。

二、改革育人方式，培养创新人才

育人方式改革是落实立德树人根本任务的有效途径，也是当前普通高中教育的一个热点问题，厘清了育人方式改革的意义和基本思路，可以说才能跟上当下教育的热点。

育人方式改革的政策依据。普通高中教育是国民教育体系的重要组成部分，在人才培养中起着承上启下的关键作用。办好普通高中教育，对于巩固义务教育普及成果、增强高等教育发展后劲、进一步提高国民整体素质具有重要意义。我国基础教育课程改革持续近20年，进入了深水区。普通高中教育是基础教育课程改革中的重点和难点，未来基础教育的改革重点将紧紧围绕提高义务教育教学质量和变革普通高中育人方式两方面进行。为此，国务院办公厅发布了《关于新时代推进普通高中育人方式改革的指导意见》（国办发〔2019〕29号），形成了对普通高中的教育教学改革的指导意见。

普通高中如何在落实立德树人根本任务方面，在落实全面发展教育方针方面，在变革课堂育人方式方面，在推进综合素质评价方面，在推进选课走班方面，在培养学生能力方面等均有着十分艰巨的改革任务。如何从理论上理解和深化普通高中育人方式变革问题，如何从实践上有效推进普通高中的教育教学改革，这些理论与实践的问题均需要深入的研究。

在2020年4月7日高三复学第一课讲话中，我结合疫情防治阐明了学校的育人价值和育人目标——“健康、博爱、有为”，以及学校坚定不移地践行育人方式改革的决心和信心。

> 千淘万漉虽辛苦，吹尽黄沙始到金。经历了这场新中国成立以来重大的公共卫生事件，会让我们有许多新的认识和思考。也会让学校重新审视自己的教育追求和理想。一所学校的育人价值常常要用几十年甚至上百年来检验，或者在重大事件、重大灾难来临时经受考验，真金是不怕火炼的。“健康、博爱、有为”值得我们再次解读和感受，值得我们继续坚守和践行。我希望这三个词能真正融入每一位二中人的血脉之中，成为其不可或缺的人生基因，助力每一位同学的学习、生活和人生发展。

育人方式改革的意义。目前，中国基础教育发展正处在从注重数量规模发展到注重内涵建设的转型期，当务之急是要真正实现以教师为中心向以育人为本的转变；实现以知识为中心向以能力为本的转变；实现以传授为中心向以学习为中心的转变。要把教的创造性留给教师，把学的主动权还给学生。把学生培养成有创新精神的人，是教师的历史使命。这就要求我们在教学中进行创造性的劳动，教师的创造性恰恰要反映在教书育人的每个环节中。我们的教学，不只是为社会完成共性教育的任务而存在，而应使学生张扬个性。教师工作的价值应体现创造性；教学是让学生通过学习知识学会学习，而不只是通过学习学会知识；教学的评价体系应该科学、多元，启动和提升人的自主、创新意识，而不能简单地成为褒贬学生的手段。

育人方式改革的主要内容。普通高中育人方式改革就是要重新审视当代普通高中的发展使命。在国家现代化和教育现代化的背景下，普通高中教育要回到教育培养每个人的全面而有个性的发展、实现立德树人根本任务上，使高中成为每个人身心健康、愉悦成长、个性发展、终身发展的场所，使高中学生更有获得感、幸福感和成就感。

三、推进课程改革，转变学习方式

目前有许多中小学实行的还是应试教育的模式，老师负责灌输知识，学生只要接受就行了，这样学生就很被动，一旦离开老师，就不会自己主动地去获取知识，也不知道应该怎么去获取知识。另一方面，我们的课程还不够丰富，主要是以学科课程为主，学生对于课程的选择性较小，不利于学生全面而有个性的发展。这也是为什么国家要大力实施新课程改革的原因之一。

2019 年 5 月，在高三毕业典礼大会上，我对即将进入大学的同学们进行了正确对待压力和困难的职业指导和教育：

> 强大是对抗挑战、压力最有力的武器，也是让自己能够永远赢得尊重、获得价值感的最大底气。华为作为一家中国高科技民营企业，近年来发展迅速，日益强大，强大到美国为之忌惮，不惜以国家的力量与之抗衡。面对美国政府推出的一系列打压政策，华为表现出了一份“兵来将挡，水来土掩”的淡定与从容。没有强大的实力，没有数十年如一日对于卓越的不懈追求，华为也许早已“兵败如山倒”。
>
> 与华为公司面对巨大压力呈现出前所未有的勇气和底气不同的是，甲骨文公司在压力面前不堪一击，让人为之扼腕、为之叹息。同学们，时代飞速发展，科技日新月异，没有什么工作和职业是一

劳永逸的，唯有与时俱进，不断让自己强大才能主动拥抱这个时代，把握人生机遇，实现人生价值，为社会创造更多的价值。

这一段话，使得我们的老师、学生更加明白：课程改革希望改变学生的学习环境乃至生存环境，把中国中小学生从“课堂上被动地听老师讲，课堂外埋头于书本，专心做大量与实际生活严重脱离的练习”中摆脱出来；从过于沉重的课业负担中走出来，还给他们应有的自由时空，让他们快乐健康地度过青少年时期，让他们睁开眼睛看自然界、看社会、看生活。

因而，推进课程改革，转变学生学习方式，是当前基础教育面临的一个热点问题，也是育人方式改革的一项主要内容，在校长领导力和校长讲话内容要素中占有重要地位。

杨芳 焦作市学生路小学校长

中小学高级教师，河南省特级教师，河南省中小学名校长、河南省名师，河南省教育系统先进工作者、河南省先进工作者，河南省学术技术带头人。

以“自然之道”养“育人生态”

校长讲话怎么跟上当下热点？拿到这个题目，我莫名就想到了“自然生态”一词。

先说“热点”，它概括了国家对教育的要求、社会发展的趋势、百姓街头的热议……大到国家大政方针，小到百姓茶余饭后谈论的话题，甚至包含“网红”议题，均为“热点”。

“热点”是生活的本来面目，是“自然”之道，引人注目、热气腾腾、新鲜至极。而“生态”，是生命的共居之所，每个生命个体都能在其中找到自己的理想和归宿。对于学校来说，“生态”是师生共同分享的意义世界，如何将“热点”这道自然大餐为人人吸取生发、整体成长的“生态”？这么活泼泼的话题，校长自然要牢牢抓住。

一、校长眼中要有“热点”

今年有两句热词——“你的样子，就是中国的样子”“教师的模样，便是教育的模样”。

引申一下——**校长的模样，便是学校的模样。校长语言生动幽默了，学**

校的氛围自然舒适、宽松，校长理念正确超前了，学校发展自然快速。

当今社会处在变革时期，国民素养整体提升、国家凝聚力不断加强、人工智能高速发展、电商经济及网红效应等持续涌现，对传统教育提出了挑战。

人不是一座孤岛，学校不是象牙塔。**作为校长，眼中要有“热点”，扎根在时代背景中，将教育视野拓宽到更广阔之境：既要“养正”，也要“出奇”；既要关心教育文化的发展，也要关心生活、社会和身边的人；既要成为教育教学的行家里手，也要广泛涉猎，融通社会万象；既要向书本学习，也要向生活学习。**校长关注“热点”，更要引领教师修炼对热点问题的敏感度，让他们的眼中也有“热点”，汲取鲜活的教育因素，保持思想和语言的新鲜度，使得自身思想更接地气、语言更富魅力，更好地成为先进教育价值观和理念的转化者。

譬如视频《哪吒之魔童降世》《无问西东》《后浪》《乘风破浪的姐姐》等，极具“热点”又蕴含教育意蕴。如果校长在鼓励他人时来一句“无问西东”“我命由我不由天”“奔涌吧，后浪！”“乘风破浪向前冲”等，可能比说一堆套话更有画面感。所以，校长眼中有“热点”，鲜活的教育资源便无处不在。

二、校长心中要有“热点”

“互联网 +”时代下，校长奋力追击“热点”不是噱头，而是为了让“热点”更好地服务于学校和教师发展。单纯跟风追“热点”，难免流于肤浅。校长心中要有“热点”，但不能迷失方向，盲目去追。除了敏锐观察外，更要敢于批判、吸收，从表层的现实视域中跳脱出来，主动思考“热点”背后的智慧和教育价值，并和学校发展现状相结合，深入挖掘每一个鲜活实践的“热点”，不断赋予其品质和意义，以时代性的信息优化学校文化。

《哪吒之魔童降世》中，关于成见和偏见的摧毁，关于爱和信任的力量，关于教育及环境的影响力，关于“你看到的一定是真的吗？”……这既能引发教师审视自己的工作常态，也能使他们审视自我的教育观及学生观，而用热点电影代替说教，可以引发更多生动形象、清晰直观的思考。

2016年，《中国学生发展核心素养》出台后，我所在的学校围绕“核心素养”这一热词做了很多工作。因为我始终记得褚宏启老师说的“教育不要玩概念，要关注本质”这句话。**我想，每一个教育热词的提出，都有特定的时代背景，任何事情从辩证的角度来看待，关键是个体对“热点”的思考。**于是，“核心素养”被提出后，我的思考是：校长的办学价值观是什么？我的收获是：引发了我对办学方向乃至对办学目标的拷问；并对“温情灵动”的办学理念进行了深度解读，完成了核心素养的校本化表达，明确了课程体系的价值取向；梳理并建构了基于办学理念的“温情灵动”校本课程体系。**紧紧抓住教育发展的“热点”，让“热点”传递价值，让“热点”助推学校发展。**

三、校长言中要有“热点”

清华大学老校长梅贻琦曾说：“学校犹水也，师生犹鱼也，其行动犹游泳也。大鱼前导，小鱼尾随，是从游也。从游既久，其濡染观摩之效，自不求而至，不为而成。”校长，正是这一汪清泓的挖掘者，其言语传递着思想。若校长的言语幽默、言简意赅,能巧用“热点”、善于启发,则会营造一个和谐、绿色的“生态”，往往在会心一笑时，在潜移默化中达成共识，让教育突破藩篱，开出鲜艳艳的花，养出活泼泼的人。

读懂需求，讲出尊重。教师是校长内心永远的声音，行走在校园内，校长要读懂教师的心声，要尊重教师的感受，要研究教师的心理。每一位教师都受过多年的专业训练，对教育教学有着自己的理解，有着自己的思维方式，都是“讲道理”的高手。若校长讲话生硬，理论讲得再透彻，道理讲得再明白，教师也不见得能听得进去。何况，最无用的教育就是“讲道理”，所以，校长要做好表率，讲话少讲大而空的道理，要学会借力，不妨巧用热点去描述。

譬如，在预防校园欺凌这一热点话题方面，我将部分网友的评论（亲身经历）摘出，在全体教师会上还原描述，引发教师在震惊之余去深入思考：我们有没有给学生足够的安全感？日常工作跳出“想当然”的圈子了吗？班级管理中有没有缺位和疏忽？再如2020年的钟美美事件，其网上发布的视频的点播量过亿，不妨让老师们也追追这个“热点”，让老师在参与之余或多或少都能看到自己的影子，在一个个有思想、有灵气的生命面前多些敬畏。

因此，**校长言中有“热点”，要把握的核心问题是：为什么讲这个“热点”？“热点”能给老师们带来什么启示和思考？校长的表达指向的是“讲热点”的能力。**与其一条一条解释道理，强制灌输，不如最大化地尊重教师的经验和思想，引发其思考“热点”传递出的观点或价值，以“自然”之道，涵养教育“生态”。

换位思考，讲出认同。管理学告诉我们，**在管理中通过换位思考，可以让校长和教职工突破固有的思维习惯，学会变通，解决常规思维下难以解决的事情。这里的换位思考是两个层面：一是校长与教师间。校长要学会“专注”和“移情”，把自己置身于教师的位置上，从教师的角度调整自己的所观、所感。二是教师也要和家长做好“专注”“移情”，多些体谅和理解。**譬如，在教学实际中，常听到教师的抱怨：某某家长太惯着孩子了，家庭作业经常完不成，甚至还有家长帮写作业的现象。尤其是作业量不大时老师就更感委屈，很有些“恨铁不成钢”之势，认为家长不够配合。但实际上，教育要考量的因素还有很多，有智力因素，还有孩子的习惯、性格、心理等非智力因素，更有家长的教育理念等因素。而班级授课制的弊端是教师易趋同——“不自知”和“不自制”的趋同。这个时候，请“热点”来帮忙，就有不一样的结果了。

于是，在一次全体教师大会上，我从“关注学生心理健康”这一热点话题引入，分享了相关心理学调查的初中生和高中生厌学甚至抑郁的比例数据，把一所高校的一位心理学教授以家长身份讲话的视频（其中有他“伙同”孩子少写甚至替写作业之说）播放出来，用这位教授最后一句话“既然当了人家的父母，总要为人家担着点什么”引领众人深思。

这个“热点”就很好地让教师换位思考：教师眼中的孩子与家长眼中的孩子一样吗？如果学生是自己的孩子，我们会是怎样的心态？学业和生命（心理）健康相比，哪个更重要？压力下能真正地学习吗？小学阶段的学业能决定一生的发展吗？再譬如，2020 年高考一考生当场撕毁两人答题卡，这些热点本身就能震撼每一个教育工作者。

我会经常给教师们提出一个问题：你的孩子上学，你想让他遇到一位什么样的老师？你想让他接受什么样的教育？有意识地用一些“热点”引领教师和家长换位思考，警醒我们跳出固有的思维模式，使教师（学校）和家长的理念趋同并相互理解，家校携手形成合力，为孩子健康快乐成长搭建平台。

创新形式，讲出新意。“热点”问题本身具备很高的关注度，尽管内容为王，但呈现的方式、方法也很重要，利用新的教育技术或工具辅助讲话，更能出新。譬如在一次会议上，讲到教师要对学生怀有耐心和信心时，我出其不意地穿插了一个网红小视频：几个孩子挑战跳马运动时，老师和同学们在一旁不断鼓励加油，直至完成看似完不成的任务。从老师们的惊叹声中，我看到了语言所达不到的效果。再譬如在讲教师对学生要包容和共情时，播了一个“三五十五”的网红小视频，视频中孩子在妈妈的高压下反反复复背 3 的乘法口诀，压力之下怎么也记不住“三五十五”。会场虽一片笑声，但我相信笑声的背后一定会有每个教师严肃的思考，虽轻松，但不失厚度。

同时，作为校长，我也会**关注和挖掘身边的“热点”，有意识地鼓励教师观察身边的人和事，组织全员分享身边的微故事，将大道理转化为小事例，在“热点”分享中焕发精神。**譬如 2020 年 1 月光明网和今日头条以《“班主任发红包”蕴含教书育人的“精神富矿”》为题，报道我校教师张斗艳的教育故事，网友们纷纷留言点赞，引发热议和好评。

热点落地，讲出深度。校长讲“热点”的意义，不在讲，而在做。“热点”讲得再多、再好，如果不能使其蕴含的意义和价值落地生根，那么“热点”的意义可能就流于形式，有哗众取宠之嫌了。因此，我们更要注重以热点来启发思考和行动，将内容与教师（学校）的知识经验和问题建立连接，引发教师（学校）对日常教育教学行为的反思，激发其学习的内部诱因，激励其坚定前行。

这么多年来，在“校长会讲话”这一点上，我的一个感受，就是一个字——“熏”，提炼热点、微火慢炖，在青烟弥漫处去引领、去影响。注重细节，善于观察，学会提炼，在一个个“热点”中渗透自己的教育主张，通过一个个鲜活的事例引导大家思考、讨论，达成共识，使教师感受到：教育无处不在，教育发生在每时每刻；教育不是口号，教育崇尚行动。

校长本身就是符号，是学校的重要象征因素，其言语表达富含意义，传递的是一种价值理念。校长要讲好“热点”，用这一自然方式，以自然之道，去营造好师生的“生态”场，让学校的每一个人都能更热忱地投入到教育中。

优秀案例及解析

高正起 郑州中学党委书记、校长

河南省特级教师，全国“杰出校长”、全国“教育创新与改革优秀校长”、全国五一劳动奖章获得者，河南省优秀教育工作者，主持过8个省部级课题，在权威媒体发表论文数十篇。

创新、变革，建设现代化国际化新型学校
——2020年元旦致辞

各位同仁：

大家新年好！

时序更替，岁月不居。当我们还习惯翻看2019年的日历时，新的一年却已悄然来临。对于中国而言，对于中国教育而言，2019年都是值得铭记的一年。这一年，我们迎来了新中国成立70周年，见证了中国教育70年来从落后到振兴的伟大历程。这一年，是贯彻落实全国教育大会精神的开局之年，是中国基础教育奋力、勤力、聚力质量提升的一年，是对质量提升建梁立柱的一年，更是关键领域有所突破的一年。

“高规格”“快节奏”“宏观部署”“微观用心”“强化配套”“细化措施”，

是这一年的关键词。中国教育以“奋进之笔”书写了让人自豪的精彩篇章。

奋进之路上，郑州中学人的答卷同样完美：质量提升再有新成绩，社会口碑再有新高度，课程建设再有新创举，德育建设再有新作为，服务教职工再有新举措。标志着郑州中学奋进前行的2019年十件大事，向社会再一次展示了郑州中学人的豪迈与激情。

大江流日夜，慷慨歌未央。辉煌业绩仍在，但前行之路未已。百年未有之大变局中的中国教育将走向何处？新的教育改革路在何方？新的一年，我们将以怎样的姿态去面对喷薄而至的时代浪潮？这些都是摆在我们面前的宏大课题。作为中国未来教育的答卷人，我们必须做到顺势、顺时而动，洞察大势，成竹在胸。如此，方不负时代赋予我们的重任。

2019年，中共中央、国务院，以及中共中央办公厅、国务院办公厅、教育部相继出台《中国教育现代化2035》等系列重磅文件，吹响了中国教育继续改革创新、持续发力的坚定号角。

把握大势者，方能顺势而为；顺势而为者，方能成就大势。这是一种辩证的关系，更是一个国家、一个民族、一个集体、一个团队所必须拥有的智慧。作为以创新进取为特质的郑州中学人，在这样的大势面前，更应义无反顾，高举创新变革之旗。因此，今年学校旗帜鲜明地提出“创新、变革”这样两个关键词，作为2020年度学校发展的主题词。

老师们，道在日新，不新则止。不断地创新、变革是教育能够健康发展的生命线。当前，人工智能时代全面到来。新技术的发展正在不断重塑教育形态、知识获取方式和传授方式，教和学的关系正在发生深刻变革；社会对教育的需求更为多样，对更高质量、更具个性的教育需求也更为迫切。

物不变不生，不革不成。没有创新，就没有未来；没有变革，就无以生存。2020年，郑州中学将以创新和变革为着力点，让学校真正成为分享创新故事、交流创新经验、产生创新共鸣、激发创新活力的高地。以创新激活力、添动力、增效力，以变革聚群力、凝智力、汇合力，真正打造有未来的教育。

改革之路，道阻且长。**创新与变革从来都是一项艰难的工程，不仅要面临阵痛，而且常常还伴有坎坷。老师们，请记住，阵痛之后便是新生，迈过**

坎坷方得坦途。郑州中学的发展史，从来就是一部克坚攻难的改革史，从来就是一部在磨砺中成长的奋进史。惟其艰难，方显勇毅；惟其磨砺，始得玉成。我相信，以创新、进取为精神内核的郑州中学人，定会不畏艰难，以教育者的情怀与坚韧，以前行者的豪迈与担当，以奋斗者的勇气与身姿，以创新者的智慧和魄力，创造出属于我们的美好未来！

案例解析

新年致辞的特点是言简意赅，意到即止，应短小精悍。作为校长，岁末年尾，展望未来，说些什么，必经深思。既要对一年来学校的发展与收获有个小结，也要对新的一年的发展方向有个交代。学校的发展离不开社会经济的发展，学校的发展只有融入社会发展的洪流之中方显其价值。作为校长，必须时刻关注社会热点，了解社会热点，及时把握政治经济动态，才能明了学校的发展方向。本讲话稿在盘点学校办学成绩、确立来年发展基调的同时，借助国家发展的大背景，更能引发师生的共鸣和思考。

慎玉杰 济源市济水一中校长

中小学特级教师，全国优秀校长、全国先进校长、全国百强特色学校模范校长，河南省教育厅学术技术带头人、河南省教育系统先进工作者，撰写、出版《我想留住的温度》，主持过近20项省市级课题。

自律决定人生高度

亲爱的同学们：

迟日江山丽，春风花草香。校园静美，嫩芽吐翠。若不是疫情当前，你们早已返回校园。琅琅的书声会温暖教室，清脆的笑声会唤醒校园。愿你们历尽千帆，归来仍是少年。

今天你们所看到的，都是你我从未曾见过的场面：城市实行管控，学校推迟开学，街巷是少有的冷清，社区闭门限行……这些场景，犹如电影。如果可能，我们愿意重启2020。

涓涓不塞，将为江河，荧荧不救，炎炎奈何。同学们，从古至今无数事例证明，瘟疫源自野生动物，人类应该敬畏自然，与野生动物和谐共生。彼此伤害就意味着打破平衡，就会像多米诺骨牌一样，发生连锁反应。枪响之后没有赢家，警钟要长鸣。古人尚知不涸泽而渔、不焚林而猎，我们更应心存敬畏，善待众生，自然界永恒的法则是“因果与平衡”。

祸兮福所倚，福兮祸所伏。同学们，做好当下方能精彩人生。有的人偷偷拔节，脚底生风；有的人慢慢滑坡，悔恨今生。两极分化成必然趋势，自律才能决定命运，奋斗方可成就人生。普希金遭遇霍乱，被迫宅家，但他完成了《四小悲剧》、一篇叙事诗、《别尔金小说集》、29首抒情诗、13篇评论，17封书信，还有著名的戏剧《叶甫盖尼·奥涅金》，创作达到了一生的顶峰。牛顿遇见鼠疫，停学在家，但他研究出牛顿三大运动定律，发现了万有引力，至今仍被世人所传颂。他说：在那些日子里，我正处于创造的旺盛时期，我对于数学和哲学，比以后任何年都更为用心。所以，请大家一定记住：**世事无常，自律为王。**

一个人的自律中，藏着无限的可能性。很多时候我们只看到了别人优秀时的样子，却往往忽略了他们为此所付出的近乎自虐般的努力。越是自律的人，越明白自己真正想要的是什么，拒绝诱惑，把所有碎片化的时间都利用起来成长自己。人不是因为优秀才自律，而是因为自律才优秀。**自律决定了人生的高度，自律和不自律的人，终将走上两条截然不同的人生道路。**

霸屏网络的网红语说“不说学习，母慈子孝；一说学习，鸡飞狗跳”。但是，同学们，请你相信，在这个世界上没有比父母更爱你的人，你一定要理解父母的良苦用心，懂得自己读过的书、流过的汗会铺就出助你去看世界的路。

努力要从今日始，奋斗的青春最美丽！我希望你们能利用课余时间，多陪父母聊聊天，听听他们的生活感悟，也谈谈你们的收获与成长。这个漫长的假期对于我们每个人来说，是一生中不可多得的，请一定利用好它，比如学做几道菜、干些力所能及的家务……为我们自己留下更多美好的回忆。

如果说，假期可以帮你掌握一些人生必修的生存之技，那么我期望你们会一直牢记我们的校训：做最好的自己。

同学们，乌云终将散去，天空必将晴朗。祝愿你们在新的学期勇猛精进，学业有成！

案例解析

2020年年初的一场疫情，让世界认清了中国，也让中国看清了世界。我国抗疫短期内取得的显著成果，带给全国人民的民族自豪感、国家认同及民族自信，更是难得的收获。

学生居家学习，教师线上教学，如何提高线上教学质量，是摆在每一个教育管理者面前不容回避的问题。影响质量的核心因素，就是学生的个性学习和品质的影响。老师需要调动学生主动学习的积极性，在学生内心根植爱国主义情感。基于此，校长通过网络给全校学生上了一节公开课，以此寄语同学们要自律、努力，做最好的自己。

田秋萍 漯河市郾城小学校长

全国教育系统优秀教育工作者、河南省中小学名校长、河南省教育系统先进工作者。带领学校获得国家级“推进区域教师专业发展课题实验”一等奖、中国好教师基地学校、国家级书法特色实验学校等。

笑迎“春天” 争做自立自强少年
——在开学典礼上的致辞

亲爱的老师、同学们：

街巷又见烟火气，校园又闻读书声……这一切，令师生们兴奋、期盼！

今天是个高兴的日子，也是一个值得纪念的日子。你们知道吗？在鸟语花香的季节里，伴随着春光渐深的脚步，每一天都是来自春天的喜讯。春天能给我们带来的，更多的是希望之美。此时此刻，我们美丽的郾城小学，也正散发着自己的活力，敞开怀抱，欢迎同学们回“家”！

假期，也可以让我们迅速成长。当小小的病毒（新型冠状病毒）闯入我们的世界后，打乱了我们习以为常的生活。然而，冬天里的种子，心中早已承载了春天的梦想。于是，我们站在新的起跑线上，开启了新的生活。

如果你要问我哪些种子的梦想最有力量，我想告诉你们：孩子，灾难来临时，那些敢于逆行的英雄们，他们的梦想火热，是他们让我们见识到了无垠的爱的力量有多大，是他们让我们见识到了中华儿女团结一心、众志成城的家国情怀。

听到这里，如果你想问我他是谁，我想告诉你，他是十七年前挂帅战“非典”（又称 SARS、重症急性呼吸综合征）而今又挂帅抗击新冠肺炎疫情的钟南山院士，他是四川凉山火场里的消防员，他是地震来临时不舍任何学生的老师，他也可能是你回家路上挺身而出抓贼的警察……在我们的生命里，这些平常的人做着英雄的事。

孩子们，这些人，这些事，只是英雄群像的缩影，而我们要做的，是**学习英雄身上的责任和担当，把它融入我们的学习中、认知中，我们记住这些坚定的背影，也就记住了他们的温暖付出与忘我奉献。**

如果有一天，长大的你们和英雄在春天的繁华深处相遇了，我希望你能像只蝴蝶一样飞过去，轻轻说声："谢谢您，正因你们的拼命守护，才有了我们的身心康健、岁月静好……"

其实，很多伟大的英雄，就是我们身边最平凡的一位父亲、母亲、妻子、丈夫、儿女，是日常与我们擦肩而过的普通人。面对他们舍小家为大家的付出，我们应该更加珍惜生命，让自己的生命变得更加坚韧。

孩子们，新的学期里，希望你们每天都能迎着清晨的亮光按时起床，因为你们是站在晨光里的人；希望你们能多阅读，于书页方寸间看到更广阔的世界，于人类智慧中汲取更多的养分；希望你们能自律，在合理的取舍中对自己负责，积蓄成长的力量；希望你们能学会思考，到更广阔的世界里去探索。

少年智则国智，少年强则国强，少年进步则国进步！

每一天都是不平凡的一天。我们"郾小人"（郾城小学人）始终坚信，所有的超越都伴有等量的艰难。作为郾城小学的学子，你肩负着责任——做有家国情怀，心怀天下的"大写的人"。

灾难能给每一个人上一节"人生大课"，身边的暖心人、暖心事亦能。它们可以让我们深切地体会到"没有一个人是一座孤岛"，无穷的远方、无数的人们，都与我相关。现在，作为优秀郾城小学的学子的你，既要一心向学，又要关心国家大事，放眼世界和未来。今天，中国、世界发生的事情都与我们相关；明天，国家的建设、国家的治理、国家的繁荣昌盛、中华民族的伟大复兴，需要未来的你们承担更大的使命。未来，希望你们不惧艰辛、勇敢前行！

时间指针，永远指向未来，生命不息，奋斗不止，"郾小人"，无论站立何方，都会自律自立，自觉遵守法律法规和学校的防疫要求！“郾小人”，无论身在何处，都会自强不息，努力向前奔跑！

亲爱的老师、同学们，新的学期已然开启，寒冬已经过去，愿我们携手共进，笑迎春天！让我们不负春光，不负韶华，只争朝夕！

案例解析

通过开学典礼让传统文化的形式和现代教育的内容水到渠成地融合到了一起，这不仅仅是传达“新的学期来了，我们焕然一新”“争做英雄的人”的希望，也是一位校长体现自身涵养的途径之一。如果能在讲话中不断融入新鲜事物，可以让校长讲话的内容更具时代感。

在当下，把热点事件、典型事迹作为教材，引导广大师生学习的过程，是生动、具有深度的，这让我们当下弘扬爱国精神、树立爱国信念、奏响爱国旋律的育人工作更加深入人心。

徐保周 安阳市钢城小学校长

中小学高级教师，安阳市名校长，河南省名校长、河南省教育系统先进工作者、河南省教育厅学术技术带头人、河南省优秀教育管理人才。出版有专著《课堂教学实践与思考》，发表论文20余篇。

过一种看得见摸得着的假期慢生活

——在暑假学生散学典礼上的讲话

同学们：

大家好！

暑假在即，值得期待。在此，我要邀请同学们开启两个月的慢生活之旅，享受慢生活的别样精彩。

慢，《现代汉语词典》解释为“从缓”“速度低”，与“快”相对。不言而喻，与日常上学相比，“慢生活”就是让我们的生活节奏降下来。暑假中，没有了早起、赶车、铃声和哨声，难见走路时脚步匆匆、吃饭时狼吞虎咽、做功课时挑灯夜战，一切安闲、随性起来。同学们肯定向往有加，就让我们过一种看得见、摸得着的暑假慢生活吧。

然而，让时间慢下来，同学们能够做到吗？

我们深知，表针是不会因为我们的思维而缓慢停留，但是，**我们要明白，时间的规划要掌握在我们自己手中。**暑假中，同学们可以制作一张时间作息表，把自己一直喜欢的小发明制作完成，安排好精心喂养蚕宝宝的日程，计划一次社区义务劳动之旅……认真规划，逐步实施，一步一个脚印，细细品味，慢慢收藏。假期结束，蓦然回首，定有满满的收获和喜悦。

让生活慢下来，是一种健康积极的生活态度、乐观豁达的心灵洗礼，也是人们对自身理想追求的高度自信!

慢生活是身体的养精蓄锐、心灵的休憩安放，但放松不是放纵、放任自流，它是要我们调节好自己的生物钟，让心旅慢下来，从课堂回答问题时“扑腾、扑腾”的心跳中回归自然的平衡，从同学们的争论、辩解中回到潇洒悠闲的心旅，从活动比赛奋勇争先、你追我赶的竞争中变换为独自的遐思，让整个假期的生活节奏慢下来，再去做自己喜欢的事，让生活多一份浪漫与诗意，让人生多一份思考。

那么，这会儿你就要思考一下，如何让自己慢下来了。

挑选一本好书，或端坐，或依阑，慢慢阅读，细细咀嚼，让书香熏染心灵。是啊，假期中，不用手捧课本了，不用被催交作业了，我的假期我做主，同学们读点自己喜欢的故事书籍，走进主人公的世界，同呼吸、共命运，如醉如痴，感受别样人生；朗诵几首脍炙人口的诗词，配以优美的乐曲，徜徉其中、流连忘返，体验诗意生活；诵读几段经典，《论语》《诗经》，“曲肱而枕之，乐亦在其中矣”。诵经典、长智慧，尽享圣人之乐。让你的假期充盈书香的味道，让你的家庭氤氲书香的气息，宁静而致远、温馨而有力。

走出家门，同学们可以漫游自己的城市，采撷家乡的文化灵韵。我们的家乡位于洹水河畔，殷墟故里，是历史和文化名城。让我们熟悉自己的社区与方位，认识城市的街衢与小巷，了解城市的历史与文化，还有民俗风情、史料典故、名胜古迹、著名人物等；知晓城市的象征，最高的楼宇、著名的美食、好玩的游园、繁华的商业街、著名的纪念品、完美的古建筑。同学们，趁着假期这个美好的时刻，去感受家乡璀璨的历史文化、游览祖国美好壮丽的锦绣山河，去熏染我们的个性、浸润我们的灵魂、磨砺我们的体魄、激燃我们的家国情怀吧!

闲看庭前花开花落，漫随天外云卷云舒。同学们，让假期生活慢下来，不是拖延时间，不是日睡三竿，不是把玩手机爱不释手，不是对妈妈三番五次的叮嘱无动于衷，更不是漫无规划的耗费时间。慢下来，就是提醒同学们暂时停下紧张忙碌的学校生活，让同学们在假期的学习、生活、娱乐中掌握好平衡和节奏，张弛有度，劳逸结合，调整心绪；慢下来，可以更好地创造一种回归自然、轻松和谐的成长环境，提高同学们的生活品质，提升同学们的幸福感。

祝同学们在假期生活中慢得开心、慢得幸福，慢中成长，慢有收获！

案例解析

当前学生在学校的学习生活节奏快，分秒必争，抢时间、抢内容、抢成绩，持续以饱和的精力投入学习，不论中学生还是小学生，学习任务繁重，身心俱疲，幸福感普遍较低，甚至家校矛盾突出，师生关系紧张。放假了，让孩子们过上一两个月的慢生活，做做自己喜欢的事情，读读自己喜欢的书籍，看一场自己心慕已久的电影，仔细品尝自己城市的历史文化底蕴，放松自我身心，何尝不是一种自我成长、自然成长、自由成长！幸福快乐永远是青少年的梦想，放假了，就让孩子们到天空中自由飞翔吧。

邵河根 鹤壁市淇滨中学小学校长

鹤壁市优秀教师，河南省依法治校先进个人、河南省教育厅优秀教育管理人才、河南省教育厅学术技术带头人、河南省劳动模范和先进工作者，主持的课题获河南省教育科学研究优秀成果一等奖。

春风化雨二十年，凝心聚力谱新篇
——在建校 20 周年校庆上的讲话

尊敬的各位嘉宾，老师们、同学们：

上午好！

岁月不居，流年如梭。匆匆间，淇滨中学已建校二十年。二十岁是人生最美年华。二十年的春风化雨，二十年的砥砺前行，我们迎来了淇滨中学建校二十周年校庆。让我们把最热烈的掌声送给美丽的淇滨中学，送给重返母校的历届学生，也送给所有陪伴、见证、关怀淇滨中学成长的校内外、省内外、海内外的朋友们！

回首向来萧瑟处，竹杖芒鞋轻胜马。记得二十年前的 1999 年 8 月 8 日，淇滨中学召开了第一次全体教工大会，当时全校教职员工只有 22 人。第二天，所有教职工深入各个小学、社区、农村，挨家挨户去做招生宣传，摆张桌子、放张板凳、扯开嗓子，逢人就做动员。1999 年 8 月 29 日，学校召开首次开学典礼，全校学生一共三个班 54 人。二十年后的今天，淇滨中学教职工近 200 人，在校教学班 57 个，在校学生 3000 余人。已毕业班级 223 个，毕业生 15000 余名。淇滨中学成为老百姓心目中最好的学校之一。

千帆竞过处，我亦笑春风。二十年来，学校领导班子以高远的眼界、执着的精神，坚持“以人为本，和谐发展，追求卓越，创造一流”的办学理念，为学校发展奠定了良好的基础。广大教职员工无私奉献、辛勤耕耘，培养了一批批优秀的人才。二十年的时间，淇滨人用自己的心血和汗水、智慧和创新，实现了学校历史上一次次的跨越和腾飞，从一个小规模的薄弱学校，发展壮大成今天的全国文明校园，淇滨中学正以她独有的美丽绽放在鹤壁教育的百花园中。

许一段深爱时光，育一方才子佳人。二十年前，那些风华正茂、正值而立之年、脚踏实地干事创业的老师，他们是从鹤壁市老区的各个学校选拔过来的，他们披星戴月，舍家撇子，只为这所学校。搬桌子、拉凳子，宛如苦力，蹲在地上吃着大锅饭又如民工……这群可爱的老师，用自己的实际行动给学生们留下了一段延续至今的深爱时光。这场爱，师生爱得热烈、执着且深沉！老师们费尽心思去爱了一群人，再用三年将他们送离，舍得之间，老师的爱无悔无怨！

二十年过去了，老师们迎来送往着一拨拨学子，看他们盛开在南北东西，既滋兰之九畹兮，又树蕙之百亩。同学们，请记住：母校是你们永远的家，老师是你们永远的亲人，你们若不离不弃，母校永远点灯相依。

谱一篇新章，照亮孩子们的心房。在今天这个爆发式增长、颠覆式创新，5G、人工智能不断刷新我们认知的时代，我们的教育该何去何从？是培养代工呢，还是创新人才？老师们，这也是我们这二十多年为办一所明亮的学校，帮助学生点亮梦想、照明前行道路时所要思索的。

未来已来！我们不必恐惧“今天 60% 的职业将在未来消失”，反而我们应该这样思考：“未来 60% 的职业将由我们面前的学生创造”；老师不再说“考出一个好成绩为学校争光”，应该告诉学生“你们尽可以去享受由你们创造的美好未来”。

枫红菊黄，轻抚琵琶，弹不断千丝岁月。朋友们，这是一个双喜临门的好日子，既是小家的喜庆——学校迎来二十年校庆，也是国家的大庆——新中国迎来七十年华诞！未来，让我们一起在新的征程中再谱华章，为伟大的祖国增辉添彩！

案例解析

2019 年是淇滨中学建校 20 周年，回顾学校的发展历史，从一个师生不足百人的薄弱学校发展成为目前拥有师生 3000 多人，获得国家级、省级、市级各种荣誉百余项的优质学校，淇滨中学走过一段不平凡的奋斗之路，这路途上的故事，是真实发生、经历的，更能引起人们的共鸣。

这二十年，中国的改革开放也经历着翻天覆地的变化，时代变革给教育人提出新的命题：我们到底要培养怎样的人？校庆恰逢国庆，这篇讲话稿更能激励师生撸起袖子加油干的劲头！

贾晓燕 平顶山市实验高级中学校长

中学高级教师，河南省骨干教师、河南省学术技术带头人、河南省名校长，河南省教育厅高级管理人才，平顶山市五一劳动奖章获得者。所带领的学校，以“低进高出，高进优出”为办学特色。

青春，要在拼搏中绽放

——在高三毕业典礼暨高考壮行大会上的讲话

同学们：

今天，我们怀着激动和喜悦的心情隆重聚会，举行平顶山市实验高中（以下简称实验高中）2020 届毕业典礼。未来，愿你们淡定自信，拼搏必胜！

同学们，三年前，青涩的你们怀揣梦想而来；三年后，自信的你们扬帆出征。时光飞逝，毕业在即，马上就要离开相处三年的老师，离开晨昏相伴的校园了。忘不了你们在教室里发愤苦读的身影，忘不了运动场上你们龙腾虎跃的英姿，忘不了校园里你们留下的青葱足迹，忘不了你们带给我们的青春回忆。

每一个美丽的梦想，总伴随着开花的成长。三年来，你们在拼搏中走向成熟，在奋斗中迈向成功，你们创造了一个又一个佳绩：高三联考一本上线实现历史性大突破，青少年科技创新大赛省级一等奖，“学宪法，讲宪法”比赛省级第一名，平顶山市经典诵读大赛一等奖……我相信，你们在学校的三年青春诗篇、成长轨迹，一定会镌刻在学校的发展史上，珍藏在我们的记忆里。

此刻，我还要衷心地感谢陪伴你们成长的老师们：多少个日日夜夜的默默陪伴，多少次风风雨雨的晨昏午练，多少次与学生春风化雨的倾心交谈，多少次为了学生牺牲和家人的团圆时光，你们是实验高中最可爱的人！

高考前的这段日子里，全体老师选择陪伴着你们一同前行，这样的同吃同住壮举，是我们一起为了未来而拼搏！是什么让我们收获了这一切？是学生的发奋，是老师的心血，是责任，是能力，更是对学生不带任何功利的、无私的、深深的爱！这，就是我们的老师！这就是今天我们实验高中人的精神！

同学们，三年来，你们在实验高中，学会了明辨是非，学会了做人，学会了学习，学会了敬畏，学会了担当。这些财富，必将成为你们人生的基点，指引你们走好今后人生的每一步。

同学们，毕业，意味着再出发。毕业典礼不是庆祝结束，而是迎接新的开始。不久，你们将怀揣梦想奔向四面八方，在此我给你们提几点希望：

人生要有梦想，懂得淡定坚持。希望你们牢记实验高中“求是、砺志、谦慎、奋进”的校训，时刻怀揣梦想，不能迷失方向。就像2020年的中国一样，险恶的中美贸易战打不败我们，突发的疫情压不垮我们，因为我们有坚定的梦想！所以，我也希望你们**忍得住煎熬，修得好韧性，涵养好静气，把握住平和！**什么时候都要明白：努力后的成功固然可喜，拼搏后的失败同样珍贵，这样的人生才是真正的成熟精彩！

做人要大气，做事有格局。作为实验高中的学生，要有大胸怀、大格局、大气度。细致做事，大气做人。有大气者方能成大器，有大气者方能立于不败之地！就像我们的民族企业华为那样，之所以打不垮、压不倒，其原因就在于：做事大气、敢谋全局、心有世界、眼有未来！老师也希望你们把自己的人生和祖国的命运、新时代的机遇结合起来，努力成为社会的栋梁、民族的希望，以实际行动，证明自己的价值。

为人处世，要永怀感恩。知识就是力量，品德才是方向。懂得感恩，心存感激，世界才温暖，人生才不凉薄。有此基石，仰望星空，脚踏实地，方能行稳致远。漫漫人生路，自此各珍惜。作为你们的校长，想对大家说，母校会永远牵挂着你们，欢迎你们常回来看看！

四天后，你们将奔赴高考考场。在此，我送你们一副对联来共勉：乘长风，胸藏宏阔，不负少年凌云志；扬远帆，心怀韬略，敢比古今状元肩！

案例解析

做教育的人，时时刻刻想着育人，时时刻刻在用行动育人。高中阶段，是每个青少年成长的关键阶段，这个时候，他们的世界观、人生观、价值观初步形成，需要一位优秀的引路人前来引领。所以，在高三学生毕业之际，结合实际，谈现在、说未来，这是一位校长最实在的“心里话”。

少年，是祖国的未来、民族的希望。捕捉热点，是他们的强项，将热点内容融入讲话内容中，这是拉近师生距离的具体表现。校长，要以吾辈之力激励学生做有担当、有责任的有为青年。

都娟 濮阳市第十中学校长

毛毛虫工作坊创始人，河南师范大学未来名师班校外导师、河南省首批名班主任工作室主持人、河南省最具影响力班主任、中原名师、河南省政府学术技术带头人、河南省十大师德标兵、河南省教师教育专家。

因为感动，所以如数家珍
——在 2019 年年末述职大会上的讲话

同学们：

2019 年 12 月 12 日下午 5 点，我被正式任命为濮阳市第十中学（以下简称十中）校长。那一刻，我知道自己要带着光荣的使命和沉甸甸的责任而来。也是从那一刻开始，我就打算扎根十中，立志要与十中人一起把家经营好，把学校办好，把教育做好，不辜负领导的嘱托，不辜负师生的期盼。今天，我到十中刚好一个月，有几件我们共同经历过的事情，我想讲给大家听。

第一件：我到学校开展工作的第二天的事情。这一天，我刚刚上任，便迎来了濮阳市委宣传部和市文明办对学校“濮阳市文明校园”的测评验收，这也算是我们第一次共事。最终，在大家的努力下，学校不仅通过了考核，还获得了申报河南省文明校园的资格，为未来创建全国文明校园奠定坚实基础。看到这样的结果，当时我想：这一次，是实现十中人精神、物质双层面的丰收。

第二件：走进教师办公室和学生的教室的巧妙体验。那时，应该是我与老师们的第一次会面。看着老师们的脸上尽展的笑颜，和文明礼貌的学生站在一起……我知道，这份自信源于师生们对十中美好未来的憧憬与向往，让我看到了学校的另一个模样，让我对学校有了更多的憧憬，直至看到孩子们在新塑胶操场上玩耍，智慧黑板应用到了课堂上，还有高规格的图书室、阅览室、活动室、名师名班主任工作室、各种社团活动室、容纳500人的报告厅，等等。

第三件：12月14日，学校小学部暖气管道因腐蚀而漏水后，我得知后，与领导班子成员立即商讨，拿出了一个共同意见——修！再穷不能穷教育，再苦不能苦孩子，再困难也不能让孩子们挨冻。周六周日、白天晚上的加班加点，那是整个抢修的工作状态。因为此事，我们领导班子坚定了一个信念：师生的事儿，就是学校的大事儿，我们要时时刻刻想着、念着、惦记着。

第四件：12月23日，我站在全市义务教育教学质量提升大会的领奖台上。原本，我计划让李益人校长去领奖，可他太过于谦虚，说“一把手上台领的奖更有分量”。那一刻，我的内心澎湃，觉得自己手里捧着的不仅仅是一块奖牌，更是全体教职工拼搏努力的心血与汗水；不仅仅是一份荣耀，更是一份压力和动力；不仅仅是10万元的奖金，更是十中人马拉松赛跑的接力棒！

第五件：寒假前后，小学部五个年级组纷纷召开了期末考试学情分析会。让我欣慰的是：每个年级组都精心准备，认真剖析，最难能可贵的是**针对不同学生存在的不同问题，老师们都能做到有的放矢、对症下药，量身定制培养学生的跟进措施**。为了学校的发展，每位老师都是蛮拼的。我相信：把学校教学工作交给如此优秀的教师团队，是我的自豪。**一个人的力量是有限的，但一个团队的力量却是无穷的，甚至是惊人的。**

第六件：1月7日，2020年的第一场雪来了。为保证师生们的出行安全，我们学校进行了志愿扫雪活动，刚开始队伍里有学校领导班子成员和党员志愿者，后来，没有课的老师们纷纷加入这支队伍中。放学时，同学们走在没有一点积雪的路上，那一声声“老师，你们辛苦了”，激起了我们的火热真情。为了学生的安全，我们愿意在风雪中挥洒汗水。我也庆幸能够领导这支有温度的队伍。

在十中，还有很多的人和事正在和即将打动我，今后，我会如数家珍地慢慢讲给大家听。关于十中的下一步发展方向，我有很多思考，需要充分论证和梳理提炼。我是一个完美主义者，特别想和大家一起打造一座“最美”的学校，和大家一起解读关于“美”的深刻内涵。

案例解析

调入一所新学校，陌生的环境会让校长感到紧张而忐忑；来了一个新校长，未知的风格会让全体教职工充满好奇和想象。与全体教职工首次正式见面，是塑造“先入为主”校长形象的好时机。因此，在与教职工的见面会上，最好让大家领略校长的智慧和思想，体会校长的真情和坦诚，读懂校长的要求和期许，看到学校发展的方向、前景和希望。

这次讲话，在充分的沟通和交流中，使全体教职工达成共识、产生共鸣：我们要牢记教育使命，明确肩上的责任，辨明前进方向，团结一切力量，珍惜所有缘分，实现教育梦想！

有故事

——讲话有料方显趣味

怎样让讲话具有故事性

李青青 洛阳市实验小学党委书记、校长

中小学高级教师、特级教师，中原名师，河南省学术技术带头人，首届河南最具影响力校长。河南省党代表、洛阳市人大代表，享受国务院政府特殊津贴专家，河南省五一劳动奖章获得者。

故事性，是讲话艺术的核心

讲话具有故事性，内容有料而且吸引人，是许多人梦寐以求的表达艺术。一名校长，作为学校文化品牌的倡导者和传播者，讲话具有故事性更是一种重要的个人素质。

有些人做得很好，但是却说不出来，即使讲了一些经验，也是一种理论表述，听的人没有被打动的感觉，他所要传播的内容就大打折扣。强调校长讲话的故事性，并不是推崇一些做得少而讲得绘声绘色的传播。因为没有实践做基础的表达是无本之木，所讲述的内容本身就不具有可信服度，而在深入实践基础之上的办学经验的分享，需要校长善于反思和总结，并能够推广复制，才能够称之为办学思想。

一、实践力是根本基础

我曾经听过“村长”李振村校长的讲话，屡听屡新，让人如沐春风，往往在不经意的会心一笑中就备受启发。他在讲述教师读书重要性的大会中，没有直接开题明确观点，指出读书对于教师的重要，而是从讲故事开始。

他是这样讲的：1967 年，在一个月黑风高的夜晚，在东北的一个小山村，一个美丽的小女孩出生了。她眉清目秀，一双大眼睛特别吸引人，看到书总是闪烁着明亮的光芒。她与书为伴，以读书为乐，参加工作后，在一所小学里当图书管理员，因为酷爱读书，进步得很快，终于有一天被这所学校的校长发现，渐渐地脱颖而出成为一名名师，如今已经是北京一所知名小学的校长，引领着全国小学教育的发展……

讲到这里，甚至没有讲到这里的时候，在场的所有人都在猜测这个小女孩的名字。故事的主人公是窦桂梅校长，关于她的成长故事，李振村老师如数家珍。再加上李老师吸引人的嗓音和抖包袱式的眼神，在场的所有人深深被打动。

能讲故事是有着广泛实践的经历做基础的，李振村老师之所以被称为“村长”，就是因为他的阅历丰富，还有从教育阅历中透露出来的接地气的“村”气。从山东走出来的李老师，当过《小学语文教师》的主编，走过教育的每一个角落，辞去上海条件优渥的工作，只身到北京亦庄小学任校长，短短四年间，愣是把一所荒地里开垦出来的学校培植成为全国名校，服务了一方老百姓。在亦庄小学声名鹊起之际，却又转身辞去职务，回到上海一所民办学校，重新面对上海教育新的挑战。

二、学习力是一种催化

培根说：知识就是力量。而传播知识最有效的方法就是讲故事。能够像讲故事似的去演讲，通过一个又一个的故事来说明观点，这样的讲话才好听又有趣，这样的演讲才是好演讲。这是因为，故事容易记忆，容易传播，容易引发共鸣。而能够把故事一个又一个围绕一条主线串起来，以证明一个鲜明的观点，需要大量的知识积累，善于学习是提高个人演讲素质的催化剂。

在实践的基础上，善于发现问题、思考问题是解决问题最有效的通行证。实践力遇到学习力，犹如庄稼地里撒上一把肥料，能够催化庄稼的成长，也一定会有好收成。

学习就是一种对大脑的“输入”，经常“输入”能够使大脑对所学知识迅速做比对和汇总分析，学习力诱发思考力，真正善于学习的人，一定也善于思考，能够找到问题背后的关键，揭示鲜为人知的秘密和结论，同时传播更为先进的文化和思想。

三、洞悉力是灵动对话

讲话不仅要有知识，而且要有智慧，有哲理。富含哲理的故事，能给予听众前所未有的意外，刺激受众群体对惯常认知的反叛和刷新，进而拓宽思维视野，完善思维品质，优化思维方式。能够这样去讲话，本身就具有对事物、对环境、对教育、对人生的较强洞悉力。

“洞悉世事胸襟阔，阅尽人情眼界宽。”洞悉力本身就是以学习力和实践阅历做基础的，洞悉事物与事物之间的相同与不同，联系与区别，看似不相干的事物之间往往存在着共同的规律。在中国革命的困境中，毛泽东能够用《论持久战》的观点来一语破局，提出关于人民军队在敌强我弱条件下广泛开展游击作战的指导性方针，总结出的“敌进我退、敌驻我扰、敌疲我打、敌退我追”的“游击作战十六字诀”，成为中国人民解放军战略战术形成和发展的基础，这就是战略家敏锐的洞悉力。

洞悉力是一种豁达的思想格局，是一种乐观的人生智慧，也是一种数学的迁移思想。同样的一件事、一种局面、一个场景，不同的人不同的洞悉力，能够看到不同的预期结果，实施不同的应对策略。

四、同理心是沟通良药

讲话具有故事性，让故事的代入感，贴近人性，贴近听众，富有感情和生命力，是瞬间治愈沟通障碍的良药。故事给人思考空间，能唤醒人的内心情绪，需要演讲者放低姿态，站在听众中间，把自己当成一名听众去讲述，这就是同理心的巨大作用。

拥有同理心，就是能够理解和意识到他人的感受和想法，能够换位思考并体验他人的感受和想法。拥有同理心就同时拥有了亲和力，加上幽默的自黑，讲话能够瞬间拉近与听众的距离感，就容易与听众沟通。同理心的英文empathy，亦可译为“感情移入”“神入”“同感”“共情”。心理换位、将心比心、设身处地地对他人的情绪和情感的认知性的觉知、把握与理解，是表达对他人尊重的重要情商。

使人感兴趣的讲话，本身就是一种良好的沟通，很多时候，我们要去理解他人的内心，要把我们目前所知道的想法通过技巧传达给别人。同理心驱使我们去了解他人的想法，体会他人，并站在他人的角度思考问题，谈论别人想谈的事情，不能一味地只顾着自己发言。与此同时，要全神贯注地倾听对方，从听众的眼神中捕捉回应信息，设身处地地为他人着想，这样讲话一定很受欢迎。

五、“事实”与“故事”

让讲话具有故事性，不是添油加醋，不是主观臆断，相反是对事实的客观尊重与深度思考。在聆听讲话的时候，观点并不是讲话者抛给听众的，而是听众自己在脑海中形成的，从而达到自我教育的结果。

就好像一个叫作“事实”的人在河里洗澡，洗完之后，原准备赤裸着就出来招摇过市，而“故事”却能够帮助“事实”穿上华美的长袍，给“事实”一个更为完美的结尾。“故事”无限接近“事实”，但又不会赤裸裸揭露事实，而是引发我们对“事实”的思考空间，给听众以思维自由的可能，让想象激励人并能够共鸣，产生对话的冲动。

讲话是一门艺术，讲话的故事性是这门艺术的核心，尤其是一名校长或者老师，要传播教育思想和学校品牌影响力，更需要用故事加强讲话的表现力。要学会让读者自己产生思考，而不是直截了当告诉听众应该怎么做；学会客观地呈现故事的原貌，而不是一味地表达自己的思想；学会和听众站在一起

去品味故事，而不是证明自己比听众知道的更多。

一个好的故事是讲话的开始，也可以是结束，通过故事跟听众建立联系，产生共鸣。故事的张力，会让听众产生思想斗争，给听众以思维的空间，留有讲话的空白地带，往往能够使听众获得深刻而独特的感受。

蔡瑞昌 长垣市第一初级中学校长

中学特高级教师，“双层四环”教学模式创始人，河南大学文学院硕士研究生导师，首届河南最具影响力校长，河南省教育厅学术技术带头人，2020 年新乡市五一劳动奖章获得者。

讲故事，提升校长思想感染力

“讲故事”与“做校长”，乍看上去是风马牛不相及的两件事，而在实际工作中，**“讲故事”是提升校长思想感染力的重要途径，是增加校长思想魅力的有效方法，也是一位好校长必备的个人素养。**

一位好校长，他的领导力体现在五个方面：行政领导力、组织领导力、课程领导力、价值领导力和思想领导力。其中，思想领导力是最有价值的领导力，它单依靠身份、地位、学养是不够的，唯有思想的影响力是久远的。

思想要表达出来才有效，表达力便成了好校长最重要的核心竞争力，是个人必备的软实力。善于讲故事是表达力的生动体现，因为思想需要插上飞翔的翅膀。正如古人所言“言而无文，行之不远”，取譬设喻本就是古人传播思想的重要手段。在庄子、孟子等先贤思想传播的文章中，打比方、讲故事的例子比比皆是。生活即教育，教育即生活，从教育思想传播的现实性来看，思想需要贴近大地、融入生活才能深入人心，影响久远。

美国学者罗伯特·麦基，曾长期受聘于华纳兄弟、20 世纪福克斯公司、迪士尼等著名影视公司，被誉为“编剧之父”。他曾与人合作写过一个小册子《故事经济学》，强调以讲故事的形式来做商业广告，将故事拉动力融入市场营销、品牌、广告和销售中。他们认为，讲故事是最适合人类思维的沟通方式。

讲故事的方式应用于教育教学也是同样的道理。生动的描述吸引关注，曲折的情节吊起胃口，深刻的体验产生共鸣，精彩的结局唤醒向往。受此启发，我想尝试性地提出“故事教育学”的概念，倡导校长通过生动叙述富有教育蕴意的故事，来传播自己的教育思想。

故事可来源于四个方面：

一、取生活故事为喻

正如前面所说，生活即教育，教育即生活。可生活本身不是故事，我们做校长的如何才能把生活编成故事呢？这考量着大家的智慧。编故事既要寓教于乐，又要寓理于事。其教育意义在于调动有意关注，获取有效信息，借鉴故事主题，思考人生意义。

2012 年，学校课堂改革进入第三个年头，学生的自主性既是我们课改的培养目标又是课改成败的关键，这是大家的共识。如何让独立自主的思想意识深入学生内心，是我那一段一直在思考的问题。直到一对斑鸠进入我的视野。

那年秋后，天就要入冬了，我家的院里飞来一对斑鸠安家、产卵。不久，小斑鸠出世，它们一家三口定居于此。一天夜里，风呼呼地刮着，又淅淅沥沥地下起了雨，我担心斑鸠能否熬过这凄风冷雨的夜，半夜起来，拿着手电筒一照，只见老斑鸠两翅张开，严严地把小斑鸠覆在身下，爪子紧紧地抓着树枝，在风雨飘摇的夜里用爱温暖着小斑鸠的梦乡。

后来，小斑鸠羽翼渐丰，却胆怯地恋巢不出（这大概是人鸟的共性）。老斑鸠便把它赶出巢，从旁看护着，带着小斑鸠学飞，让小斑鸠觅食……最终，小斑鸠从地上飞到院里的家具物什上，再飞到墙头、树枝上，直到后来跟着老斑鸠飞走。

这个幼鸟学飞的事件给了我启示，我把它改编成故事在 2013 年新学期学生表彰大会讲话中绘声绘色讲给学生听，学生兴致很高，我问学生听了之后有什么感受，并趁机引导学生类比自己成长的过程，启发学生：现在正是我们由依赖走向独立自主的时候，快速由被动依赖转为主动探究，就能够在学海自在遨游。

这次讲话促进了学生自主学习的积极性，加之学校采取了一系列的措施，让班级小组建设有声有色地开展起来，使学校的课堂改革又迈上了一个新台阶。

2020年春天新冠疫情肆虐期间，学生不得不居家学习，这对学生是巨大的考验，对学校是巨大的考验，对家长也是巨大的考验，我们多次通过钉钉平台召开全体师生及学生家长视频会议，为了唤起学生家长的责任心，我把自己上学期见过的一位家长的事迹编成故事讲给家长们听：

上学期，初三年级有一位家长，因为孩子自控能力差，他就提出为孩子陪读，他每天早上6点到校，7点离校，晚上6点30分到校，9点30分离校，每天两次往返，无论阴雨风雪、冰封路滑，每天坚持不误。我看到后就问他："你这样做值得吗？"他朴实地说："咱也没啥本事，全指望孩子了，有啥不值得的。"我为之感动，就提出如果遇上天气不好，可以住在学校，但他拒绝了。他说，就是想用自己的行动与毅力来感染孩子。

有这样的家长，不管他的孩子能不能成才，但一定能做一个好人。对比有些家长对自己的孩子不管不问，推卸责任，甚至替自己的孩子撒谎包庇、反感学校、厌恶老师的行为，我进行了一一分析引导，获得了家长们的纷纷点赞。

编故事是整合教育资源的一种途径，应突出以人为本的教育理念。编故事要把握三个关键环节：首先抓住听众心理，提高其认同度、感受度。其次，要让听众接受故事中讲述的道理，提高教育的说服力，增强理解力。最后编故事要关注价值观，将行为准则、社会道德、社会价值融入故事情节。

二、取农业生成作比

作为县域中学，我们的学生大部分来自农村，尤其我们的老师更是对农业生产深有体会。因此，我常拿农业生产来比喻教育，使师生们听起来更有亲近感。我经常在不同的场合对老师们、学校领导们说：教育是农业，不是工业，我们面对的是学生而不是工业产品，我们应该像农民种地一样付出心血与汗水，像农民呵护庄稼一样付出足够的耐心与细心。

为了消除个别老师与年级领导的“唯分数论”，转变观念，牢固树立“立德树人，全面发展”的育人理念，我在全体教师会上讲：

农民是怎么种地的呢？播下种子的时候他会去想这块地会产多少斤吗？不会。他会想什么呢？他想的是怎么给庄稼浇水、施肥、除草、灭虫，静待丰收，而不会去想“这块地产的多我就多干、多投入，那块地产的少我就少管不管”。同样地，我们的学生在初中、高中、大学，都是生长期，不是开花结果的时候。只有到了社会，他们才真正开始开花结果。我们现在要做的就是精心呵护，静待花开，而不是急功近利地以分数论成败。要知道，学问的根是深扎在道德的土壤中的，我们唯有立德树人，引导学生磨炼意志，养成习惯，厚培其根本，学生才能茁壮成长，而分数只不过是教育的副产品，而不是教育的真正目的。

问题学生的存在是每个学校、每个校长都不可回避的教育难题，对此，我在教师会上讲：

农民种地有“漫灌”与“滴灌”，讲究“面”上的全面管理与“点”上的重点扶持，既然教育是农业，我们为什么就不能因材施教呢？那些学困生、心理障碍生、行为习惯不良的学生不正是我们教师应该重点扶持的病苗、弱苗吗？而一个教师的最美师德恰恰体现在这里。

这样的故事讲述还有很多，而有时候，一个故事的讲述不一定很多，根据需要可以详细描述，也可以点到为止，但关键还是要有故事。**有教育经历是有故事的基础，有教育情怀是有故事的前提，有教育思想是有故事的保障，有教育魅力是有故事的结果。**

校长怎样有故事？强调四个原则：基于个人经历，赋予教育思考；依据教育内容，拓展教育主题；联系师生经历，拓展教育联系；整合教育资源，优化教育意义。经历人人都有，关键在于联系。**故事人人都有，关键在于发现。有了联系的线索，发现的眼光，每位校长都会成为有经历、有故事的人，有内涵、有魅力的人。**

三、取社会新闻举例

进入信息时代以后，教育工作者要抢占思想高地、巩固教育阵地，就要勇于担责，适应形势变化。大量新闻信息的涌入，既有泥沙俱下、真伪难辨的麻烦，也给我们教育领导者提供了更多的教育资源，这就要求我们甄别筛选、整合运用这些资源，让我们的讲话具有浓厚的时代气息，满足人们喜新厌旧的心理，从而让受教育者更容易接受教育的深意。

为了强调立德树人的意义和重要性，我在师生大会上举了许可馨事件：

留学生许可馨家境优越，可是，她却具有鲜明的反社会型人格，在大家都为抗疫声援、传播正能量之际，她在网上不但骂网友、医生、留学生，还骂中国人，甚至涉嫌污蔑自己的国家。由此可见，成绩好不能作为我们评价学生的第一标准，德行才是我们评价学生的第一标准，试想一个连人都没有做好的学生，成绩再好又有什么用？像许可馨这样的学生不是特例，这样的事件再次向我们敲响警钟：立德树人应该放在教育的首位。

讲故事是“传道解惑”的重要方式，也是立德树人的有效途径。**讲故事的四条策略：侧重过程描述的生动性，强调事件发生的亲历性，看重教育意义的启发性，推崇社会经历的思考性。讲故事的关键要以社会主义核心价值观为坐标来解读人生、解释社会。**

四、取历史佳话借力

历史传说具有经典的意义，其启示与教育价值有着恒久弥新的魅力。长垣是千古君子蘧伯玉的故里，伯玉村就是以他的名字命名的，我就是土生土长的伯玉村人。蘧伯玉一生崇仁尚礼，光明磊落，品德高尚。蘧孔之交的佳话千古流传。为了纪念先贤，启示后人，挖掘本土教育资源，我们自主设计了《蘧孔之交》雕塑作为学校的主体文化建筑树立在学校大门内广场，并把广场取名为“圣贤广场”，让师生时时瞻仰学习。

为了培养学生文明守纪的自觉性，我在学生大会上讲了“宫门蘧车”的故事，学生们听了很感兴趣，有的在会后还跑到学校的雕塑旁再次瞻仰“宫门蘧车”的浮雕画面，其内心敬仰先贤、学习先贤的心理是不言而喻的。学校随后开展的学生“日省录”与教师“教育随笔”活动，促使师生把学习修养内化为每个人的自觉与习惯。

讲故事的意义不是让学生听听热闹。育人不能满足于忠言逆耳的说教，还要关注如何做到故事入耳、道理顺耳、教育悦耳，把讲故事的教育意义嵌入到行为模式、思维模式中去。

怎样才能讲好教育故事？需要我们在阅读中积累自己，实践中磨砺自己，反思中深刻自己，交流中丰富自己，创作中充实自己，工作中修炼自己。**眼界放开阔，生活都是故事。眼光向内看，经历都是素材。**

我们做校长的，大多不缺乏人生经历，但缺少联系意识、比较意识、研究意识和表达意识。讲故事应该成为我们校长今后的必修课，这样我们才能讲好教育故事，传递教育声音，获得教育理解，赢得教育发展。

刘晓龙 鹿邑县老君台中学校长

特级教师，全国“三十佳”优秀英语教师，河南省教育厅优秀教育管理人才，河南教育名片学校校长，河南省“跨世纪”学科带头人，河南省教育厅学术技术带头人，河南省中小学名校长。

用故事润泽教育管理的温情

语言，是校长实施管理的最主要载体，作为学校的领导，校长要经常和教师打交道，与学生沟通，不仅要领之以行，更要导之以言。那么校长应该怎样讲话才能更受师生欢迎呢？我觉得，**要学会用故事说话，让自己的话说得巧妙而不机械，委婉而不生硬，生动而不空洞，理性而不乏味。**有了这样的讲话艺术，师生才能听得入耳又入心，学校工作才会顺水又顺风。

校长要积极营造“故事场”，让故事的元素弥散于校园的每一个角落，渗透到教育教学的每一个环节，让师生们在故事中体验快乐、体验幸福、体验成长、体验创造。

国旗下校长讲话是非常庄重而又严肃的事情，但是这种场合**如果一味追求大道理，过于说教，难免让学生感到压抑，如此一来，就很难起到教育的作用，失去其本意。**那么，怎么做才能让每周一次的国旗下讲话更有吸引力，让学生既受到教育的同时又能得到学生的喜欢呢？我想到了故事。

没有一个孩子是不喜欢故事的。于是，我把国旗下校长讲话，变成了学生最受欢迎的“故事会”。

升旗仪式上，我以学生喜闻乐见的故事引入，有时候还把自己求学的艰难经历与学生们共同分享，与学生现场互动，进行讨论。随后，利用学校当天的班会开展同主题活动。于是，我惊喜地发现，孩子们竟能把这些故事以小品、快板、格言等形式演绎出来，还有的孩子会把这些故事收集在单独的本子上，汇集成写作的素材。后来，有家长反映，孩子们回家后，还会将这些小故事和他们分享……就这样，带有“故事”的升国旗讲话越来越受师生、家长的赞赏。

6 年、200 余场国旗下讲话，风雨无阻。我把一次次简单的“宣讲”变为每周一次的“约会”，从讲话的内容里开辟出校本课程“国旗下的故事会”，让升旗仪式成了师生们每周的期盼。就这样，我把爱国主义与社会主义核心价值观潜移默化地根植在孩子们心中。于是，当你走进鹿邑县老君台中学，会发现这里的每一名师生都是社会主义核心价值观的践行者。

在学校餐厅陪餐时，我发现学生浪费现象特别严重，为了让学生懂得食物的来之不易，让学生养成节约粮食的习惯，我设计了这样一次讲话，并将一个原创故事——《一粒小麦的前世今生》融入进去。

这次讲话里，我把自己 30 多年前求学时，因家里粮食短缺自带 6 个杂粮馒头作为一周粮食的故事当作主线，生动地向学生描述了“馒头变质后长了一层白醭，仍舍不得丢掉”的情节，并将 30 年后的今天，学校餐厅泔水桶中漂着整个的白馒头的现象提出，请学生以这两种场景为故事背景来创作，让学生化身一粒小麦，动情讲述自己的两种境遇。

在讲话过程中，巧妙利用故事的作用，对吸引学生的兴趣有极大的促进作用。

这一次，现场故事会开得轰轰烈烈，一粒小麦的穿越，牵出两代人的故事。孩子们想象力丰富，把小麦的生长、成熟、收割、磨面到加工成馒头的过程，以及农民的辛苦劳动也都一一演绎出来。故事会结束后，孩子们浪费粮食的现象很少出现，学校餐厅的泔水桶里，也没有了馒头的身影。所以，我想说，**用故事进行教育，远比单纯说教更容易让学生接受，故事可以让我们的讲述更具戏剧性，从而实现教育的言之有味、言之有情、言之有趣、言之有道。**

国旗下讲话里，我用“斑羚飞渡”的故事让学生明白团队的力量；用“一分钟的故事”让学生明白一分钟可以做很多事情，也可以改变很多事情，珍惜时间必须从一分钟做起；用武汉方舱医院“清流读书哥”的故事让学生明白阅读是可随身携带的“避难所”。

每年3月，学校为学生们开启雷锋故事会的专题，4月宣讲烈士故事专题，5月分享普通劳动者的故事，6月为学生们专门定制伟人童年故事会……如今，学生们见到我，总喜欢喊“故事校长”，说我的肚子里装的全是故事。

校长会讲故事，体现在对教师教育情怀的培养上。

早年前，网络上还没有“80后硬核网红教师兰会云”，也没有“带生骑行1800公里”，而我，便已在学校的全体教师会议上分享了这类故事，借此激励我们的老师：

当时，我还是教育一线的高三年级教师，带领本班孩子们进行了一次远足。活动当天，我们出行的路上，下起了暴雨。我觉得那暴雨更像一场洗礼，让我与学生体会到了艰辛，尝到了坚持就是胜利后的甘甜，更明白了“万卷书”与“行万里路”之间的关联……

就是这久远而又熟悉的故事，让我们的教师体会到了以生为友的教育情怀、带生成长的教育担当和敢作敢为的教师主见。一石激起千层浪，我校教师不仅领会了“触类旁通”的内涵，还把此内涵发挥得淋漓尽致。“远足”故事之后，我校先后就有了带学生种果苗，护果树；带学生参观流动科技馆；带学生参加社区实践；带学生认识垃圾分类等活动……“一棵树摇动另一棵树、一朵云推动另一朵云、一个灵魂撼动另一个灵魂”的教育理念，不仅仅存在于在教师对学生的教育中，还隐含在校长对老师的启迪中。

校长会讲故事也体现在对教师凝聚力的塑造上。

团队凝聚力是无形的精神力量，是将一个团队的成员紧密地联系在一起的看不见的纽带。而教师团队的凝聚力更是来自教师成员自觉的内心动力，来自共识的价值观。

为增强教师的凝聚力，我们学校专门开展了一次拓展训练。而平日里循循善诱的教师，面对无法翻越的高墙、断桥……还是心惊胆战。很多教师都清楚地记得那次拓展训练最后一个项目是毕业墙。4米高的毕业墙，60多名队友不准借助任何外力，在20分钟内全部通过，想想这似乎是根本不可能的事。然而我们做到了，18分钟完成，60多名队友全部通过，无一受伤！试想，如果没有把肩膀踩得血痕累累也心甘情愿的人梯，这将是一个不可能完成的任务；试想，如果没有全队人一双双高高举起的保护他人的双手，也不会有这么令人惊叹的结果。

在那一刻，太多太多的感动，刺激着我们的神经，模糊了我们的双眼，也化作了无声的铭记。我们的教师挖掘出了自己的潜力，认清了团队的重要，也彻底理解了什么叫“一个人可以走得很快，一群人才可以走得更远”。当然，随之衍生出的还有一个个催人奋进的励志故事。

校长会讲故事还体现在对教师职业幸福感的提升上。

教师具备特殊的知识体系，对教师的管理需要有别于其他对象，更应格外讲究方式方法，要晓之以理，动之以情，不能简单使用“命令式”。要使教师全身心地投入教育教学中，校长必须在感情上与教师加强联系，处处尊重和关心教师。同时，要了解每个教师的能力、特长和兴趣。

为提升教师团队的幸福感，我就跟教师们讲述了韩志亮校长的“重建教师生态之路”的故事。韩校长说教师喜欢学生、学生喜欢教师，应该是理想教育的美好愿景。那教师如何能喜欢学生，就需要教师摒除心中的杂念，回归童心， 面对孩子真实起来，简单起来，快活起来。于是，我校就以最快的速度成立了丰富多样的教师兴趣社团。课余，很多教师走进自己喜欢的社团——手工做起来，歌曲唱起来，时尚模特步走起来， 脸上笑容多起来……紧跟着，师生相处的气氛就融洽起来。

一个会讲故事的好校长，更应该把故事讲给最喜欢故事的学生们听。

开学典礼上为激励学生学习，我为他们分享过“苦学的宋濂”“绝不向命运低头的张士柏”“用脚趾写作的布朗”“永不放弃的橄榄球残疾运动员汤姆·登普西”……一个个鲜活生命的拼搏史让新学期的孩子们热血沸腾，为新学期的孩子们注入了学习的强心剂。

每年一次的校园运动会，我都会在运动会前的誓师大会上为运动员们讲运动健儿拼搏的故事，讲奥运健儿的故事，讲中国女排精神……在2019年鹿邑县中学生“县长杯足球赛”中，我们老君台中学的足球队员们分别获得了男子和女子足球赛的冠军，一举摘得两项金牌的运动员们说：“多亏了刘校长跟我们讲中国女排精神，在赛场上我们只想着永不放弃，追求每一分，不去想结果，认真踢好每一分，特别是关键时刻要敢出脚。” 这些小小运动员们真正领悟到了中国女排精神的灵魂——女排精神不是一路高歌，女排精神是面对困境勇于亮剑的不屈不挠。

在今年开学第一课，我为孩子们讲钟南山爷爷的故事、讲日夜奋战在科研所里的科研人员的故事……在这众多的故事中我让孩子们学会敬畏生命，敬畏自然，学会担当，铭记责任，拥有博爱和悲悯，让他们学着拥有故事中主人翁的模样；让他们用知识为自己助力，成为一个“国事家事天下事事事关心”的未来好公民，让我们的孩子体会到“祖国就在我的身边，祖国与我同在，祖国的土壤就在我的脚下”，让学生们从中获得人生的定位，获得教育价值的取向，获得三观的改变。

讲古人的故事，可以让我们从历史中获得启迪；讲今人的故事，可以让我们学习身边的楷模；讲未来的故事，可以让我们放眼世界。讲好故事是管理者智慧的体现，故事能起到意想不到的教育效果，也是一位会讲故事的校长的人格魅力所在。

校长的语言是学校管理的重要载体，不同的语言方式体现着不同的管理理念，体现着校长的不同内涵和素养，用讲故事的形式管理学校会让教育管理变得更加温情。

优秀案例及解析

朱丹 中国教育学会副会长

河南教育学会副会长，国家督学，享受国务院政府特殊津贴专家，郑州一中原校长，河南省普罗基础教育研究院院长，郑北一中总校长。

石榴花开的时候
——2016 年毕业典礼致辞

同学们：

郑州一中四季都是花开的时节：迎春花开了，紫荆花开了，杏花开了，桃花开了，牡丹花开了……时间相接，香氤满园。我知道你们最喜欢的还是石榴花，早就祈盼着、等待着它的绽放。而今它已经开得一园芬芳。犹如你们 18 岁的青春，红花绿叶，满树流彩。

石榴，有着如火如荼的青春、有着饱满甘甜的果籽。16，有着逢六大顺的吉祥、有着水阔帆满的风头。所以你们称自己为郑州一中石榴届校友。

三年是人生的一个片段，当阅尽沧桑的时候，当耄耋之年的时候，三年或许成了模模糊糊的岁月胶片，也或许仍是铭刻难忘的清晰记忆：同桌的一注目光，师长的三言两语。在雨打芭蕉、茶室小憩、月明星稀的时候，你突然捕捉到那一缕眼神，那一掬情长。最近我在校园网上看到了13届校友任冠楠的一篇文章，题目是“我与一中——关乎生命、爱情和自由”。不仅有一种体味人生的成熟，一片披肝沥胆的率真，更有“基于自由的自律、基于自由的自然、基于自由的自信、基于自由的自立、基于自由的自爱”，冠楠的文字乃是对郑州一中精神的解读。解读有众多版本，同学们各有各的版本，这些版本之间有相同相似的地方，正因为相同相似，才有了郑州一中人的风骨。也有相反相异的地方，正因为相反相异，才有了郑州一中精神的博大和活力。

“自主、自强、自省”构成了郑州一中精神。它建立在“唤醒自主意识、提高自主能力、培养自主精神”的教育理念之上。自主从意识开始，到成长为能力再到形成精神，应该是中小学阶段青少年的成长史。但当下自主却成了教育的最大缺失！当学校以掌握知识技能为主要目标，教师以设计出训练路径和方法为任务，学生以记诵、训练为学习方式，学生的心智世界中，就只能留下消化了的和未消化了的知识记忆。没有作业就不会学习，就不会上自习课，成了高中一年级新生的共同问题！郑州一中主体课堂以最大化的个性学习和最精要的教师指导相结合为设计思想，通过重建教学关系和学习方式，重新分配学习时间，为学生提供了最好的教学过程。郑州一中反对喂猪般的催肥增重式教育。殊不知，创造力和学习兴趣的幼苗，只能在自主精神的沃土里长出来。没有了自主，学习的小船说翻就翻。

自主的行进中有更多的狂风暴雨、黑暗孤单。自主的火焰会被狂风吹灭，会被暴雨浇熄，会被黑暗的孤单吞噬。要想走得远、走得稳就要有自信和顽强。自主难，自强更难，从自主走向自强，是精神成长的第二次蜕变。自省是最难达到的境界。此时与彼时，此地与彼地，情况会千变万化，需要人们调整修为，才能臻于完善。这个世界信息很多，道理很多，理解的人也很多，但坚持实干的人很少，勇于自省的人很少，敢于修正的人很少。“人贵有自知之明”说的就是自省之难，难就难在解剖自己的勇气！丑陋之处要敢于正视，疼痛之处要勇于忍受，只有直面丑陋与疼痛才会有大担当，大格局，大作为！**所以自省是建立在自强之上的，它是精神成长的第三次蜕变。自省还要懂得示弱和谦卑、识得进退和权变，顾得大体和大局。没有自省，就没有“又新、**

日日新”的长盛不衰。自省的精神就是进步的精神，就是中华民族脊梁的精神！

南开之父张伯苓先生在一次抗战胜利的茶话会上，当得知平津两市被惩处的汉奸中，没有一个战前南开的毕业生，他得意地说：这比接受任何勋章都让我高兴。这句话点燃了我对你们最奢侈的希望：做未来的科学家和领袖，做各行各业的杰出代表，即便做一个公民，也都是不辱家风的孝子，都是嵌着“自主、自强、自省”基因片段的一中校友！

同学们升入大学或直接到职场上去，会平添许多新的感受：周围某些人的傲慢和轻侮，同学或同事们的挤压和竞争，学习或工作的单调和劳苦，生活消费的清贫和窘迫，学业的艰深和沉重。在这种时候，你想退却了吗？你陷入绝望了吗？你不能退却！你不能绝望！人生都会体会到千滋百味，若你十二分地努力了，就等待吧。人生很多时候真的需要等待，熬过冬季春天就来了，熬过黑夜旭日就来了。四季交替、日夜相间，善与恶、美与丑、快乐与痛苦、雄性与雌性……上帝总是把对立的东西打包给人类。所以自然界告诉我们：**咖啡苦中有甘，茶汤涩中有香。前人告诉我们：苦尽就会甘来。“让你难过的事情，有一天，你一定会笑着说出来。”**这是电影《肖申克的救赎》中的经典台词。不管什么情况，不管什么阶段，你们一定要有目标，要义无反顾地向着目标大踏步前进，目标越远大，路途会越长，不要企图朝发夕至，很多人的失败就败在了耐力上。**生活是一种过程，生命的意义其实就是体验出过程中的酸甜苦辣，并在一种幸福酶的催化下慢慢咀嚼出幸福来。“好事多磨”，磨的就是过程，人在逼近目标而未达到目标的时刻，才体会到那个涅槃的境界。**

罗曼·罗兰说一个人应有的生活哲学是：能念书时你念书，能做事时你做事，能恋爱时你恋爱，不可强为，不可放弃。盘点三年的一中生活，不知道你做了哪些该做和不该做的事，留下了哪些该留和不该留的遗憾。一位上大学的校友说：校长，我给你说两句话，第一句是一中三年该做的我都努力做了，唯一遗憾的是没有谈场恋爱；第二句是如果让我回郑州一中重来，我觉得还要把这个遗憾留下。话说得意味深长，颇有禅意。记得我在有些场合悄悄给你们说过，高中不要早恋，因为这是把书念好的时期。现在和你们要分手了，我要大声告诉你们：大学既是读书又是恋爱的时期，你们不要放弃这个机会！

金庸的小说里有一个故事：一个少年遇到一个姑娘，姑娘的母亲拜托少年，送姑娘去昆仑山找父亲。昆仑山万里之远，但少年真的跋山涉水，历经艰难险阻在昆仑山找到了姑娘的父亲。姑娘的父亲要感谢少年，少年说："我是送你女儿的，送到了我就该走了。"这个少年叫张无忌，少女叫杨不悔。我不知道张无忌是否毕业于郑州一中，但他表现了郑州一中教育的两点品质：一、"受人之托，忠人之事"的教育责任感；二、做了就做了，做完就走人，不藏一点私心。郑州一中师生三年成兄弟，有许多感人的事情和暖人的语言，现在要分手了，都不要说感恩。既然是兄弟，所有的好都是兄弟间应该做的事！相遇与作别有很多种场面，侠客们的作别就这么简简单单："送到了，我该走了。"多好！

该分手时就分手，风风火火闯九州！天下没有不散的宴席，今天我们相濡以沫，明天我们守望于江湖！记住这方蓝天，记住这片湖面，记住这对黑天鹅！今年雨水好，是收成石榴的年份，到了九月，果籽饱满甜美，那时你我挥手再见！小石榴们，说再见的时候不许哭！无论是哪一年哪一季，当你们回来找到那棵结出你们这些小石榴的石榴树时，再流出那行像石榴籽一样晶莹璀璨的泪花！

案例解析

讲话是场重头戏，讲得好，能到学生心坎儿里，影响其一生。毕业典礼上，校长以学生的校园记忆为切入点，用他们最熟悉的石榴树引入讲话内容，"唠家常"式的文风悄然拉近了师生之间的距离，这便是"处处皆教育"的最佳体现。这篇讲话在恰当的时间，以得体、委婉的话语施教，使教育潜移默化间发挥实效。细品其内容，有小家情怀亦有大国情怀，讲话稿巧借张伯苓之语、石榴籽等具体的事例、事物点化学生，生动体现了细微之处见真章的道理。

梁寅峰 郑州市第十九中学校长

主持郑州市名校长工作室4年多，河南省学科技术带头人、河南省优秀教育管理人才、河南省教师教育专家、河南省教育系统先进工作者，郑州市优秀教育工作者，郑州市五一劳动奖章。

高山仰止话朱翁
——在一次教工集会上的讲话

艰苦的高中生活却有很多难忘的人和事。朱克林老师就是一位最让我难以忘记的长者、贤者、学者、恩师。

我记得那是1981年9月25日下午，杞县高中的高音喇叭里突然传出让学生带凳子到实验楼前集合的声音。我们坐定之后才知道，是要听一场“纪念鲁迅诞辰百年”的讲座，主讲人就是朱克林老师。当时朱老师还没有教我，所以我对他不甚了解。那天，朱老师开头说：“有的年轻人自认为对鲁迅先生很了解，说鲁迅不就是周树那个地方的人吗，鲁迅周树人么！”他用生动有趣的语言讲述了很多关于鲁迅先生的故事，有几句话我至今还记得，后来我讲给了我的很多学生听。这才发现，我对鲁迅先生很感兴趣。

后来，我在从教后每月只有几十元钱工资的日子里，咬牙买了一套《鲁迅文集》。现在想来，我今天的兴趣大概就是发端于那天朱老师的讲座吧。我想，即便是今天，能从容自信地举办关于鲁迅先生的讲座的又有几人呢？包括一些所谓的大学教授。

进入高三年级，朱老师成了我们的语文老师，有了近距离接触。他身材魁梧、谦和优雅、脑门宽大、目光平和，给人的感觉是仙风道骨、满腹经纶，听过他讲课的复读生都私下称他“朱翁”，我感觉，这是学生对他学识、人格、风度的综合褒奖，绝不只是表达“有学问的老头”这一含义。

果不其然，师从朱老师不久，我们这些自命不凡的“小清华”（当时的县高被人们誉为小清华），便被朱老师的风度学识所折服。

现在回忆，朱老师正直平和，长者风范俨然，总是带着参透世事后的淡泊与平静。一年时间，从未见他对我们使过高声，也鲜见他对学生厚此薄彼。朱老师学识渊博，只要用手一摸脑门，就像现在点开了“百度搜索”，没有想不起来的章句，让我们佩服得五体投地；朱老师道术并授，总是在给我们传授知识的同时，晓之以法。**他说：“我痛感同学们学习不得法，学语文同样可以用图表呀！”如此等等。平时，他给我们说得最多的是：“多读书，一定要多读书。”**

还有一件事，足见朱老师学识之渊博。那是 2009 年 6 月份的一个周六早晨，我正在国基路的人行道上跑步，突然接到朱老师打来的电话，他仍是一如既往的谦逊，一如既往的客气。**他说：“寅峰，这几天读了你的《独白》，感触颇多。我作为你的老师，有些话还是不能不说。有两处值得商榷：一是关于冰心先生与扶轮中学老前辈，郑州地区第一个党小组负责人段超人女士，是否在北师大同住一个寝室的问题。冰心先生 1923 年赴美留学毕业后到燕京大学做教授了，段女士是学生，不可能与冰心先生住一个寝室。二是你书中写到，冼星海 1938 年在扶轮试唱《黄河大合唱》。《黄河大合唱》是冼星海先生到延安以后创作的，所以不可能在郑州就试唱了《黄河大合唱》。”**

我听了朱老师的电话感到非常惭愧。我的说法取材于扶轮中学校友总会编写的《校友通讯》，没有仔细考证，以至于以讹传讹，甚至还自以为是。我再次领悟到朱老师的严谨，做学问之精到，而自己却不求甚解。

时光荏苒，我也成了一名老师，而且是语文老师，再后来又当了校长，对朱老师的那份情感愈来愈浓烈。而当我试图把我们师生的情谊用语言表达出来时，才发现任何的语言都显得如此贫乏。

毕业后与老同学见面，大家总爱在一起谈论过去的老师，至今仍然觉得我们的朱老师比学者更像学者，比教授更像教授。

今生得遇朱翁，真是三生有幸！

案例解析

我以为，如果学校的教师、学生都能成为个性鲜明、心智健全、心胸阔达的人，大概这就是学校应有的样子。

怀着这样的教育理想，我在教育管理岗位上，时时注意发现身边优秀人物的闪光之处，也经常采摭经典文献中圣贤先哲的嘉言懿行，在自己学习成长的同时也分享给身边的同事。做了校长之后，更觉得对老师们的成长多了一份帮助、引导的责任，就利用一些集会的时机，给老师们讲一些自己的经历、体会和学习的心得，期望能够对同志们有所启发，这大概便是将“故事”用于讲话吧。朱老师是我讲述的众多人物中的一个，影响了作为学生的我、作为教师的我，我意犹未足，就把他的故事分享给了老师们。

王世安　信阳市浉河中学校长

中学高级教师，河南省先进工作者，河南省优秀管理人才，河南省先进教育工作者，河南省中小学名校长，信阳师范学院校外研究生导师。因坚持创办、发展阳光教育，使学校得到了快速发展。

没有不可能
——在月考表彰暨中招一百天倒计时冲刺誓师大会上的讲话

春和景明，万绿吐新。

初中三年，弹指一挥间。屈指算，距中招仅有一百天，猛抬头，你们已站在人生的转折点！

如何面对这钻石般宝贵的一百天，如何如期实现自己的梦想呢？作为你们的校长，我想送你们三句话：

第一句话：自信，创造可能。

2018 年 12 月 14 日，历经十年建成的港珠澳大桥横空出世，将诸多桂冠集于一身。大桥工程的总设计师林鸣，建桥之初到国外学习，在韩国釜山，韩国人只容许他们在离跨海桥 300 米的船上用眼睛看，不准靠近，不准拍照。在荷兰，谈到关键技术的时候，荷兰人说，只能给他们唱首祈祷歌。回国后，他们痛下决心，一切从零开始，自主攻关，一定要完成历史赋予的使命！正是有了这份信心与决心，最后才有了港珠澳大桥这一建筑奇迹的出现。

在浉河中学的发展过程中，也正是因为全体浉中人矢志不渝、开拓进取，校园才越来越美，荣誉才越来越多，声名才越来越响！数载风雨考验，让我们学校更加自信，更加成熟！我们有理由相信，奇迹将再次在这个卓越的团队里诞生。

孩子们，每个人的青春只有一次，要有“乘风破浪会有时，直挂云帆济沧海”的果敢；要有“自信人生二百年，会当水击三千里”的豪迈；要有“黄沙百战穿金甲，不破楼兰终不还”的坚定。带着自信启航，你一定能到达成功的彼岸。

第二句话：惜时，成就可能。

同学们，现在春光正无限！看看操场上的你们，身姿挺拔，目光坚定！你们正处于人生的春天，而青春就是用来奋斗的！请不要在奋斗的年纪选择安逸。我想告诉你：在这个大时代下，不论现在成绩如何，我们都不应该停止前行的脚步。唯有不断学习，才能立于不败之地。

马云第一次高考时数学只考了 1 分，但他从不放弃。他一边打工一边复习，参加了 3 次高考才考上杭州师范学院，最终创造了阿里巴巴的奇迹，现在“永不放弃”已成为马云的一种精神象征，影响着每位阿里人。

我们学校一位老师的弟弟，11 年前在县里的中学读初三，因为基础太差，学校在中考前就推荐他到职业高中。这位弟弟在职业高中的日子，基本上都在工厂实习、打工，3 年后没参加高考，直接读了对口专科学校。这时，边打工边学习的小伙子才在学习上发奋努力，后来读了本科，考上研究生，去年又成功读博士。所以，同学们，不要被学习上一时的困难打倒，不要被一时的挫折缚住手脚。只要努力去做，每个人都是有机会的。请把终身学习作为一种信仰吧，你在学习上花的时间，终有一刻会回报给你。

第三句话：坚持，超越可能。

拿破仑说过这样的一句话：“在我的字典里没有‘不可能’这三个字。”这就是强者的风范。真正的强者在于他能自强不息，对设定的目标锲而不舍、孜孜以求。

同学们，你们知道吗？某种竹子刚开始每天只长几毫米，但到了几年后的生长旺盛期，却以每天 30 多厘米的速度疯狂地生长。其实，在前面的几年，竹子看似毫无建树，实则厚积于沃土，薄发于今朝！其实中招最后一百天冲刺也就是这个道理，千万别希望一步登天，越是接近顶峰，就越是困难重重，收获也就越大。中招这最后一百天，就好像竹子最后的冲刺，要全力以赴，坚持，坚持，再坚持！

当你感到痛苦的时候，当你感到快要坚持不下去的时候，当你想到要放弃的时候，你要明白，其实你离成功已经不远了。坚持住，你就可以看到曙光。

家长朋友，今天我也想用一句话与大家共勉：陪伴是最长情的告白！在孩子中考最后一百天冲刺的关键阶段，孩子的每一天，需要你的呵护与陪伴！九年寒窗苦读，中考只有一次，也是孩子成长过程中的第一次重要经历和考验。**在孩子一生成长的过程中，遇到负责的老师，遇到认真的老师，遇到公正的老师，是值得庆幸的一件事，我希望我们的孩子懂得这个道理，我也希望我们每个家长明白老师的这份苦心。**

同学们、家长们、老师们，我们都是在努力奔跑的追梦人，未来，我们一起拼出个阳光般的灿烂！

案例解析

本文多角度地选择故事内容：由国家层面到个人层面，展现出信念和坚韧的重大意义；由社会到自然，告知听众只要奋斗、坚持，都会收获生命的精彩；由大人物的励志故事到小人物的励志故事，阐释人人都可以通过不放弃到达巅峰的道理。

讲述故事要多维度，演讲过程中，多观察学生的状态，可以让演讲的故事能够真正引发孩子们的思考，也能帮助老师一步步走进他们的内心世界。

徐晓华 西华县实验中学校长

中学高级教师，河南省级优秀校长、河南省教育专家。多年来坚持“以法治校，科研兴校，质量强校”的办学思想，以“学生快乐学习、教师幸福工作、学校特色发展”使学校各项工作得到了长足发展。

意志力和影响力的重要性
——在开学前全体教师会议上的讲话

亲爱的老师们：

你们好！

即将开学，很多家长和孩子对他们的新老师和班主任充满了期待，我们也期待着，会遇到一班什么样的学生呢？我们将迎来一个个新生，孩子的行为习惯怎么样呢？

开学伊始，我们首要任务是让学生养成良好的习惯，有的老师会说，江山易改，本性难移。我与大家分享一个故事，谈一下意志力和影响力的重要性。

陈阿土是台湾的农民，从来没有出过远门，攒了半辈子的钱，终于参加一个旅游团出了国。国外的一切都是非常新鲜的，关键是，陈阿土参加的是豪华团，一个人住一个标准间，这让他新奇不已。

早晨，服务生来敲门送早餐时大声说道：“Good morning！”陈阿土愣住了。这是什么意思呢？在自己的家乡，一般陌生人见面都会问：“您贵姓？”于是陈阿土大声叫道：“我叫陈阿土！”

如是这般，连着三天，都是那个服务生来敲门，每天都大声说：“Good morning，sir！”而陈阿土亦大声回道：“我叫陈阿土！”但他非常生气。这个服务生也太笨了，天天问自己叫什么，告诉他又记不住，很烦。

终于他忍不住去问导游，“Good morning ，sir！”是什么意思，导游告诉了他。天啊！真是丢脸死了。陈阿土反复练习“Good morning ,sir！”这句话，以便能体面地应对服务生。

又一天早晨，服务生照常来敲门，门一开陈阿土就大声叫道：“Good morning，sir！”与此同时，服务生叫道：“我叫陈阿土！”

这个故事告诉我们，人与人交往，常常是意志力的较量。不是你影响他，就是他影响你，而我们要想成功，一定要培养自己的影响力，只有影响力大的人才可以成为最强者。

老师们想一想，一个农民利用短短的三天时间就能影响到一个不会中文的服务生说中文，有知识的我们难道不能做到么？学生对生活和社会的认知，很大程度受到他们生命中关键人物的影响。显然，我们老师就是许多学生生命中的关键人物。让我们对学生曾经的教诲，融化在血液之中，成为指引他们将来幸福生活的一盏明灯。一定要相信我们的影响力。

其次，对学生进行充满期待、鼓励和积极的心理暗示。你期待学生是什么样的，他就在你的期待和鼓励中成长成这样的人。**不要戴有色眼镜看人，新的学期每个人都想以最好的状态展示给他人。**

再给大家分享一个“聋子青蛙”的故事。

有一天，青蛙们聚在一起开会，谈论着勇敢者的话题，你一言我一语的，热闹极了。青蛙们都想知道在这群同类里，到底谁是最勇敢的。怎么测试呢？年龄最大的青蛙想出了一个办法：在森林的最深处，有一座非常高的山，如果谁能爬上峰顶，那它就是最勇敢的青蛙，终生享有“勇者”称号，并可以获得勇者皇冠。

开始爬山了，围观的动物们大声地喊着“加油，加油!”青蛙们使劲地爬呀，爬呀，爬到半山腰时，有的累得趴在地上动弹不了，有的因长时间失水已经四脚朝天了，还有的气喘吁吁，走走停停。一路上到处都是沮丧、挫败的青蛙，可是，有一只小青蛙仍然在努力地往山顶爬，它越爬越高，越爬越高，有好几次都差点儿滑下山来。动物们看到后惊奇地议论着，“它肯定坚持不到山顶”“太高了，它不可能成功的”，大家大声对它喊“别爬了，会死的”……各种议论完全干扰不到小青蛙，因为小青蛙是一只聋子青蛙，其他青蛙的话它根本听不到，它一直认为，其他动物一直在为它加油鼓劲儿。

老师们，请想一想，鼓励和期待的力量有多大啊，假如这只青蛙不是聋子，如果它意识到自己得到的不是积极暗示，它还期待登顶吗？它还会成功登顶吗？**老师们，请相信期待和鼓励的作用，勿急功近利，要静待花开。**

最后想对老师们说，每年我们都会遇到不一样的学生，对于我们来说，年年岁岁花相似，岁岁年年人不同，而对于学生们和家长来说，我们是能在他们的孩子最美好的时光中起到关键影响作用的人。

每一位家长都会祈祷，在他们孩子的成长道路上能不断地遇到贵人，帮助孩子健康成长，让孩子成为社会的有用人才。在此，愿我们都成为每一个孩子遇到的贵人吧！

案例解析

本篇讲话稿用在新学年开学前的全体教师会上。第一个事例是揣测老师对将要面临的一些习惯较差的孩子摇头叹息、失望时，用陈阿土的故事告诉老师们：意志力和影响力的重要性，进而让老师们对问题学生的转变充满信心。聋子青蛙的故事告诉我们：别人的鼓励和积极的暗示对成功是多么重要。

其实这两个故事不仅仅可以用在新学年开学初的全体教师会上，还可以用在学生集会和任何场景下的励志报告会上。这篇讲话稿故事性强，紧紧抓住了听众心理，让听众迅速产生情感共鸣，这就使得报告会的意义和影响更加深远。

赵玲 濮阳市市直幼儿园园长

河南省名校长，中小学正高级教师。以“增强幼儿体质、培养幼儿艺术特长、促进幼儿全面发展”为教育特色，创立“爱如盐”办园理念。自2011年以来，先后出版《放飞未来，流彩溢爱》等幼儿绘画作品集。

教育报国守初心　立德树人担使命

——在教师节的讲话

亲爱的老师们：

又是一年美好时光！今天，我们伴着教育的芬芳，迎来了一年一度的教师节。首先，向大家道一声：节日快乐！老师们，感谢你们时常与我分享教育的感动与快乐！感谢你们常怀教育的热情，让濮阳市市直幼儿园的教育之光更加明亮！

2009年，濮阳市市直幼儿园在经典故事中提炼出“爱如盐”的办园理念，从此便与故事结下不解之缘，“做教育就是创造故事”论坛成了我们十余年来常谈常新的活动。论坛上，老师们讲述了无数个教育故事，但故事的主角永远是孩子，故事的主旋律永远是师爱与呵护，故事的结局永远是对未来的希冀。孩子们犹如一颗颗心怀梦想的小种子，老师给予他们的关爱，就如同和煦的阳光，滋养他们生根发芽、向阳成长。“爱之于教育，恰如盐之于生命”，你们用自己的爱心与童心、智慧与勇气、坚守与奉献诠释了师德的丰富内涵，创造了一个个美丽的教育童话，走出了充满爱与芬芳的发展之路。在今天的最美时光，我也要分享几个小故事，作为节日礼物送给大家。

“今天，我为这个孩子做了什么，我就为他在18岁长大成人时做了什么。”

当一个幼儿教育者意识到这一点时，他的灵魂里会升起怎样的情感？重要的不是有多少抽象的教育原则、教学规则，而是在我们的心里生发出一种深深的责任感。“特别的爱给特别的你”，每个孩子都是一个独特的生命个体，特别的爱可以传递给孩子特别的力量。新转来的幼儿笑笑在陌生的环境中不敢表达。老师让语言表达能力强的孩子和她做朋友，一起游戏，一起讲故事，老师一次次的鼓励和赏识，终于让她能依偎在老师的怀抱里，讲出了自己的第一个故事。渐渐地，笑笑从胆小到淡定，如今已成为小朋友喜欢的“故事王”。老师们用智慧的爱与期待化解了孩子的忧虑。

习总书记说：“一个人遇到好老师是人生的幸运，一个学校拥有好老师是学校的光荣，一个民族源源不断涌现一批又一批好老师则是民族的希望。”我们要做最好的老师，做最好的自己，才能为孩子创造最好的童年。小班刚入园的小雨，每天抱着一个破破烂烂的小被子，细嫩的小手抓着被子一个角在鼻子前蹭来蹭去。如果一时找不到被子，她就会哭着“小被被，小被被……”地喊个不停。老师与家长沟通后了解到孩子依恋小被子的“秘密”。老师陪孩子讲述绘本《爷爷一定有办法》，让她相信老师也会像绘本中的爷爷一样有很多办法满足她的愿望，并且老师很想帮助小雨把破破烂烂的小被被变得更漂亮一些。于是，在老师和孩子妈妈的共同配合下，孩子手中的小被子越来越小，变成了一个小棉手帕，直到最后变成一朵缝在衣服上的小花！孩子的笑容越来越灿烂，老师成了小雨心中信任依恋的“小被被”。“老师一定有办法”凸显了老师对孩子的温暖支持和爱的力量。绘画活动中，梦梦与其他小朋友的差距让他失去了自信，也失去了生活的颜色，他的每幅作品都是空白。老师没有不屑和放弃，而是带孩子从空白作品的解读开始做起。于是，梦梦开始动手画一条直线或一个圆，再到后来敢于大胆涂鸦绘画。**正是老师的无限悦纳和静待花开，从不催促、从不放弃，才让孩子感受到绘画活动的乐趣。**

妍妍是位发育有些迟缓的孩子，入园时基本不会讲话，不会交往，不会自理，总是抓伤小朋友。老师为了让她开口说话，耐心地教她一个字一个字地说；为了培养她的自理能力，教她学吃饭，学如厕，学洗手；为了让她有朋友，让同学们包容她，接纳她，让孩子主动和她玩儿。慢慢地，她有了自己的朋友，攻击行为明显减少，开心的小脸像花儿一样。老师嗓子哑了，她很着急，为老师准备了药，用并不清楚的声音说："老师，给你。"老师为孩子的成长流下了幸福的眼泪！正如教育家苏霍姆林斯基曾说的："什么是生活的最大乐趣？如果一个人热爱自己所从事的劳动，他一定会竭尽全力使其劳动过程和劳动成果充满美好的东西，生活的伟大、幸福就寓于这种劳动之中。"

这样的故事在我们身边还有很多很多，没有惊天动地，却沁入心脾，拥有巨大的力量。每一个故事都是一曲师爱的赞歌，让我们从中体味到师德的丰富内涵，领悟到师德的价值意义。教师节，这个充满爱与尊重的节日，我想与大家一起共勉：坚持教育报国守初心、立德树人担使命！在未来的日子里，让我们以满满的爱，努力做"四有"好老师，一路前行，一路探索，让幼儿遇见最好的自己，创造属于自己的最美教育故事！

案例解析

幼儿园自确立"爱如盐"办园理念以来，十余年坚持开展"做教育就是创造故事"论坛活动，在平凡的故事中帮助教师提升师德素养，深化师德内涵。此篇讲话稿，我以园长的身份，在教师节活动上以讲教育故事为主线，展现出了师德的多个维度，并将其作为一份特殊的教师节礼物送给教师，让教师收获爱的智慧、培养爱的能力，潜移默化地让"一棵树摇动另一棵树，一朵云推动另一朵云，一个灵魂唤醒另一个灵魂"，让教师的爱如春雨般地润物无声，悄悄融入孩子的生命，用智慧陪伴孩子健康成长。

周素娟 巩义市子美外国语小学校长

中小学高级教师，特级教师，教育部师范类专业评估专家，中原名师，河南省名师，河南省中小学名校长，河南省教师教育专家，河南省家庭教育专家，河南省学术技术带头人，河南省优秀教师。

只有两个孩子的入队仪式
——在全体教师会上的讲话

亲爱的老师们：

今天早上的升旗仪式上，我们为亚楠、斌耀两位同学举行了简单而隆重的入队仪式。在鲜艳的少先队队旗前，两位同学在少先大队辅导员王俊景主任的带领下，庄严宣誓，成为光荣的少先队员，这一神圣时刻，我为两位同学佩戴了红领巾，送上了最真诚的祝福，700 多名师生一起见证。斌耀的妈妈也应邀参加了入队仪式，和我们一起见证了这个令人难忘的时刻……

亚楠、斌耀两位同学于今年 2 月转入学校，错过了入队仪式。每当看到少先队员们胸前飘扬的红领巾，他们羡慕、失落的神情就会在脸上闪过，很多老师、同学也都注意到了这一点。

我们知道，入队，成了当时他们心中最大的愿望。

为了早日入队，他俩认真学习，严守纪律，乐于助人。见此，他们的班主任赵银平和老师王晓凤便将两个孩子的心声，以及两个孩子平日里的优秀表现，一并告诉学校的王俊景老师。王俊景老师深情地向我讲述了这件事情，并且提出了她的想法：为两个孩子单独举行一个入队仪式，满足孩子们的愿望。

王俊景老师的想法，我欣然接受，并应允要全程参与他们的入队仪式。于是，就有了今天早上简单而隆重的入队仪式。不为别的，满足孩子的小小愿望，兑现老师和妈妈当初给孩子的承诺……这是坚持儿童本位，坚守儿童立场的最好诠释。这也是子美人再次用实际行动践行“立足儿童发展，坚守儿童立场”办学理念的一次身体力行。

我想，教育归根结底是为孩子成长服务的。因此，在我们的日常教育教学生活中，要时时、处处、事事立足儿童发展，坚守儿童立场。凡是有利于孩子的成长与发展的事情，我们都要用心地去办好它。

今年暑假，在进行校园景观建设以及各种改造项目时，我们坚持的一个重要原则就是：立足儿童发展，坚守儿童立场。于是，我们在孩子们平常喜欢逗留的地方设置沙池、吊桥、梅花桩，安装运动器械，增加游乐设施；在孩子们喜欢藏猫猫的地方做上小木屋、涂鸦墙；在小花园里，将孩子们踩出的小路变成真正的小路，还在小路的入口用绿植搭建出风格各异的拱形门，打造童话意境，让花园更富有童真、童趣，真正成为孩子们放松身心、娱乐休闲的好去处。

教育绝不是摆出花架子让别人看的，而是要最大限度地满足孩子们的成长需要，让校园真正成为孩子们成长的乐园，成为孩子们心灵栖息的港湾，精神成长的家园。教育也是从看见孩子开始的，只有看见孩子才能更好地“为了孩子”，只有站在孩子的立场看孩子的世界，才能将“为了孩子”落到实处。我愿和大家一道，继续发现这些身边的“小故事”，让每一个孩子在我们创造的教育世界里遇见最美的自己，享受到教育带给他们的幸福与美好……

案例解析

校长的讲话要与学校发展息息相关，与师生日常的学习、工作、生活息息相关，才会对师生有触动、有启发，才能持续引领并指导学校的教育生活，促进师生的生命成长，进而推动学校发展。

校长的讲话一定要基于学校发展，有益于师生成长，要能够不断激发起师生创造教育新生活的欲望，并自觉付诸行动。只有持续坚持这样的“不断”，才能逐渐唤醒师生内心深处向真、向善、向美的自觉，唤醒师生成长的自觉，并使之成为习惯，成为生命自觉。

毛晓娟 洛阳市涧西区东升第二小学校长

中小学高级教师，河南省教育系统先进工作者、河南省名校长、河南省德育工作先进个人、洛阳市优秀教师。坚持“以阳光教育培育健康生命”理念，让每个学生享受教育，快乐成长。

你的模样便是教育的模样

老师们：

下午好！

我喜欢校园的清晨，喜欢洒满阳光的球场，喜欢孩子们脸上荡漾着笑容（大屏幕照片显示校园各个角度、师生们活动特写）。校园中，跃动着的每一个小身影总能吸引我的目光，孩子们的琅琅读书声总让我情不自禁地停下脚步倾听……在这，我想讲述一段我眼里的校园故事。

那天早上，雨过天晴，我走到了三（4）班门前，只见在小班长的组织下，全班学生正入神地吟诵诗歌，他们的班主任李老师静静地站在教室窗前，手里拿着一块毛巾，正细心地擦拭着孩子们花花绿绿的小雨披，并一一地叠起放置在整理箱内。伴着孩子们甜美的读书声，缕缕晨光透过明净的玻璃窗洒在李老师的脸庞上，仿佛泛起了淡淡金光。我想走过去，又怕惊扰了他们。我就那么一动不动地站在教室门外，静静地欣赏着这温馨而美好的画面，心里感到无比的宁静、踏实。

老师们，当你看到这样的画面有什么样的感想呢？那一刻，我感受到的，是李老师身上慈母般的光芒！经历了这场突如其来的新冠疫情，我们分外珍惜这份岁月静好，也更能领悟到，内心的淡定和从容是人生最曼妙的风景，教师的人格之光就浸润在自己的一言一行中。我想，多年以后，回忆起自己曾经的教育生涯，这一定是最美的画面之一！

复课后，学校每天安排值勤人员在校门口对入校师生进行测温消毒，检查口罩佩戴情况。一天下午入校时，有个小男生匆匆跳下家长电动车的后座，向校门口跑来。刚要测体温进校，被值勤老师拦了下来："口罩！怎么又不戴了！"这个小男生愣了一下："坏了！口罩忘在家里了！"还没等我开口，值勤老师说："你带备用口罩了吗？没有的话，赶快让家长给你送一只来！"望着家长已经远去的身影，小家伙的眼神一下子暗淡了下来，有点不知所措。我看看那位老师，当时想提醒一下：传达室、各班级的保健药箱都配备了备用口罩，不就是为了应对孩子们的不时之需吗？还没等我开口，旁边传来了清脆的声音："小哥哥，送给你一个！"我扭头一看，男生身旁出现了一个小女孩儿，大大的口罩遮住了她稚嫩的脸庞，仅能看见那她长长的睫毛下那一双水汪汪的大眼睛。只见小女孩儿弯下腰，从书包里掏出了一个鼓囊囊的塑料袋，取出一只淡蓝色的口罩递给那个呆站在一旁的小男生，笑着说："送给你的！妈妈给我准备了好多备用口罩呢。"小女孩儿边说边背起书包，通过了测温通道，向教学楼走去……

我相信，那个不知名的小女孩儿向素不相识的小伙伴递出口罩的一幕，一定已经触动了大家最柔软的内心深处。老师们，我完全相信大家真的都是从心底里关爱学生的，但我们需要反思：**有些时候，孩子们也会用他们的方式给我们上一课！**

我们不仅要教给学生知识，更要教他们学会善良和宽容。我相信：纵然时光飞逝、岁月流转，只要在学生的心里播下善良的种子，一定会得到一些意外的惊喜，这颗种子将会以它自己的方式生根、发芽、开花、结果，带给我们生命的感动！

老师们，一切最好的教育方法、教育艺术都源自教师对学生无比炽热的爱。谁爱孩子，孩子就会爱他，只有用爱才能更好地浸润学生心灵。**请记住，有什么样的老师就有什么样的学生，有什么样的学生就有什么样的未来。你的模样便是教育的模样！**

案例解析

管理的本质是唤醒、是激发，让大家用最好的方法做事。因此，管理从来都不是空洞的说教与责怪，作为一位教育管理者更是如此。有时候，我们换一种思维，心平气和地指出问题所在，少一些苛求，多一分理解，给一些引导，反而会收到意想不到的教育效果。我常常思索，学校每学期都要进行的师德教育，如何才能做到不落俗套、常做常新？如何才能让老师们听得进去、入脑入心？在本学期的师德主题教育活动中，我用讲述身边小事的方式进行了一次新的尝试。看到台下老师们认真倾听并陷入了沉思，我找到了答案。

张战军 温县城内处级中学校长

教育部中学校长培训中心第 37 期全国初中骨干校长高级研修班学员，河南省师德先进个人、河南省教育厅学术技术带头人、河南省中小学名校长，焦作市优秀校长，“3 环 6 步”教学模式试验者。

做学生生命中的贵人
——在全校师德师风会议上的讲话

老师们：

我们从事的是天下最神圣的职业——教育，它的成败关系到国家以及千家万户的荣辱兴衰，关系到学生的前途未来，我们的一个失误可能导致一个孩子甚至一个家庭希望的破灭。

人生由一个个阶段组成，我们要陪伴孩子的这一阶段是人生中最重要的阶段，因为他们在成长的过程中，需要我们引路、培育和传递人间善的力量。然而，现实中真的能做好吗？

在分析教育问题时，有人把问题归结为钱的问题、体制的问题、方向的问题、社会发展的问题、效率的问题、技术的问题等等。作为一线的校长，我可以负责任地说：“当前教育最严重的问题是个别教师道德沦丧、信仰缺失的问题。”

北京大学教授钱理群先生说过：“北大最大的悲哀就是一批高智商的利己主义者老师培养出一批又一批高智商的利己主义者学生。”“我们的一些大学，包括北京大学，正在培养着一批精致的利己主义者，他们高智商，世俗，老到，善于表演，懂得配合，更善于利用体制达到自己的目的，这种人一旦掌握权力，比一般的贪官污吏危害更大。”钱先生说的，何尝不是当前教育的普遍问题？

协和医科大学出版社社长袁钟曾对医疗界的同仁说，**因为爱才有了医疗和医院，如果把这个精神泯灭了就不再叫医疗，而叫交易，它不可能有尊严。**把这句话套用在教育上更加贴切：**因为爱才有了教育和学校，如果这个精神泯灭了就不再叫教育，而叫交易，它不可能有尊严。**

作为教师，应该有悲天悯人的情怀。我们学校周志英老师的父亲刚刚故去，他是一位令人尊敬的老教师，他就具有这种情怀。他过去常常资助贫困学生，对问题学生也非常有耐心。他常讲的一句话是：我们教育好一个孩子，就可能改变一个家庭困苦的命运。

你们看，许许多多的前辈教师，就是在地位不高、收入不高的情况下，坚守了教育的良心，坚守了教师的尊严。反观现在呢？我们收入虽然不高，但相比他们那时不知好了多少！但是，我们满足了吗？

作为教师我们应该有自己的人格和尊严、骨气和操守。不为五斗米折腰的陶渊明，饿死不领救济粮的朱自清，是有骨气、有尊严的代表。教师最可贵之处就在于有自由的思想、独立的精神。法国伟大的思想家、数学家物理学家帕斯卡有一句名言——人是一根会思考的芦苇，……我们全部的尊严就在于思想。在此我想说，**人是脆弱的，但思想是刚强和高贵的。教师的底气在于自己的才华和傲骨，在于独立的人格和思想！教师要实现个人的价值，靠的是个人的品德、能力、业绩，赢得他人的尊敬，靠的也是个人的品德、能力、业绩，而不是在时代的潮流中丢失了灵魂、迷失了方向，沾染一身的铜臭。**

习近平说：“一个人遇到好老师是人生的幸运，一个学校拥有好老师是学校的光荣，一个民族源源不断涌现一批又一批好老师则是民族的希望。”我们每个人都是从学生时代走过来的，我们做学生时希望遇见什么样的老师，就要求自己努力成为什么样的老师，我们不希望遇见什么样的老师，就要努力不变成什么样的老师，努力做学生的贵人！

老师们，也许我们迷茫过，忘记了儒雅，忘记了豁达。如果可以及时照到一面正直的“镜子”，我们能不能及时洗去满身的灰尘，洗去心灵的污垢，还自己一个清新的容颜呢？值得欣慰的是，我们学校的教师，立于红尘理想不灭，正把“无私奉献，甘做人梯，守正创新，追求卓越”的学校精神一代代传承下去！这，正是教育的希望！

案例解析

县域学校的孩子，大多是来自基层的打工者、农民、市民家庭。一个孩子人生的改变，意味着一个家庭几代人的命运的转折。无数家庭命运的改变，意味着社会结构的巨大改变。正是有鉴于此，孩子人生中的“贵人”——县域教育工作者的师德师风问题就突显得无比重要。

文章从师德师风最重要的缺失——信仰情怀的缺失谈起，指出我们应该学习前辈教师爱生的情怀，要有人格和尊严，再从教师自身成长的经历，劝告大家勿忘初心，做自己曾经想做的人，号召教师们勇敢自新，做学生人生中的“贵人”。

有金句

——讲出特点方具魅力

让讲话成为师生传诵的经典

李慧军 濮阳市第二实验小学校长

享受国务院政府特殊津贴专家、全国先进工作者、全国教育系统劳动模范、全国巾帼建功标兵、第二届河南最具影响力校长、河南省中小学名校长。适度教育领军人，探索并总结出一套完整的适度教育理论与实践体系，获基础教育国家级教学成果二等奖。

校长讲话，要成为教师成长的力量源泉

纵观所有名校，一个共同的特点就是都有一位富有文化底蕴、儒雅大气、激情饱满、能力强、会讲话的好校长。这类校长讲话，要么亲切和蔼入耳入心，要么言辞犀利入木三分，要么妙语连珠饱含激情，要么引经据典字句铿锵。

我先后任正职校长 14 年，带领两所学校走过了两段异常精彩的办学路，尤其是近八年带领二实验，从最初的人人为我捏把汗到现在的上上下下来点赞，使学校成为质量成果和荣誉都达到国家级水平远近闻名的学校，个中缘由无外乎两方面：一是得益于教职工的精诚团结，拼搏进取；二是得益于校长的思想引领。

事实证明，校长带领学校发展，进行及时而又系统的思想引领是个重要前提，一个善于抓班子、带队伍、谋发展、搞改革、求创新的校长，往往具

有凝心聚力、指引方向、鼓舞人心、精神感召的讲话能力，来带动、感染和激励全体教职工奋发向上，拼搏进取。

那么，校长讲话能否成为引领教师发展的力量之源，一般来讲取决于以下四个方面。

一、需增强教师认同感

校长讲话能得到教职工的高度认同，是开展好一切工作的基本前提。如果大家压根儿就对校长的讲话不以为然，势必会事倍功半，南辕北辙。当然要让大家认同取决于很多因素，比如校长的人格魅力、形象气质、语言表达乃至声音节奏等，而讲话内容本身也是最不容忽视的一大因素。

2012 年 8 月，我刚调入二实验，要召开全体教职工首次见面会，大家一定是充满好奇与期待的，于是，面对好奇我这样讲：

> 我没有大家想象中那么强的能力，我也是和大家一样的普通教师出身，工作做好要靠大家，学校发展要靠大家，我一个校长浑身是铁也打不了几颗钉。有句广告词说得好，叫“走进你、关注你、支持你、依靠你”，从今天开始，我们就是一个战壕的战友了，我会慢慢地走近你，关注你，支持你，学校的发展依靠你。

我从大家听会的神情感受到，他们不仅听进去了而且产生了强烈共鸣，有的目不转睛地盯着我专心听，有的频频点头还不时地会心微笑。这段讲话中，**我首先放低身段和大家摆在同一高度，一下子拉近了距离，避免了居高临下；广告词的引用，使大家觉得校长不仅就在自己身边，还将给予我关注和支持，一种主人翁的责任感便油然而生。**

面对大家的期待，接下来我又这样讲：

> 既然学校发展靠大家，自然需要有个目标，记得一位名人说过：“对一艘没有方向的船而言，任何方向的风都是逆风。”因此，对我们二实验这艘即将乘风破浪的大船而言，首先需要的是确定方向，进而把各个部件的内驱力变成大船的推动力。

这段讲话承上启下，我又注重了语气的把握，显得自然亲切，不仅直抵人心，尤其使大家感同身受，于是更是精神高度集中听取下面的演讲，这就是高度认同感带来的效果。当然，也有的校长会把就职演讲的目标确定到谦虚低调上，十五分钟见面会，他能谦虚低调地讲十多分钟，这就会是一次无效甚至负效的见面会，因为忽略了教职工好奇与期待的心理状态，大家对新校长的期盼绝不仅仅是谦虚低调，而是要通过你的演讲，看出你的思路、你的高度、你的水平，甚至你的情怀，进而产生认同感，这应是首次见面校长讲话的重要目标。

二、需增强教师信赖感

教师对校长的信赖感，首先取决于校长本身，比如校长的真诚、实干、清廉、为人处事，以及坚持说真话、讲实话的习惯等等，都无疑让老师产生信赖感。“牡丹花好空入目，枣花虽小结实成”，只要你是实干家，切实做到“不采华名，不兴伪事”，一心为教师的发展服务，让老师真切体会到你的务实和真诚，那么你讲起话来才会更有感召力，老师才更能听进去，才更有可能对你的讲话产生信赖感。

初调入二实验，正赶上学校危房改造，在面对校园重建的同时，还面临着思想、队伍、制度、文化、课程等一系列问题的重新梳理。几个建设需要一起抓，这无疑是对校长的考验，“这个摊子她将从哪里下手啊？”这无疑是全体教职工乃至周围所有人的疑问。因此，在新学期第一次全体会上校长怎样讲话、讲什么就显得十分重要，这关乎能否尽快打开新局面，让队伍迅速踏上新征程。于是，开学第一天，我进行了这样的引领：

老师们，学校要发展，首要任务是要打造一支有“魂”的队伍，“魂”就是精神，是亮剑精神，是把散沙凝成团儿的黏合力。大家看过电视剧《亮剑》，主角李云龙讲到亮剑精神的关键是强调队伍要有“魂”，一支魂不附体没有魂的队伍就是僵尸一具。我原来所在的市实验小学，建校之初刘延义校长就提出“朝气、勇气、豪气”为校魂，正是这个“校魂”激励一代又一代实小人创下一个又一个奇迹。那么，我们二实验应有怎样的“魂”呢？我没有刘校长那样渊博的学识，

> 但总认为他是对的，今天，我们也正式提出三气，即“正气、大气、雅气”作为我们的“校魂”。

讲到这里，出乎我意料地响起了一阵掌声。这使我有了底气，在接下来对“三气”分别进行详细解读的基础上，我又讲：

> 一所学校、一个团队如果没有正气，邪气就会上升，一旦邪气压倒正气，则必败无疑。反之，一个富有凛然正气的团队，一定会无坚不摧、攻无不克、战无不胜、势如破竹。从今天开始愿我们共同努力大力弘扬正气，要让正气像孙悟空从东海龙王那里借来的定海神针金箍棒一样，迅速长高长粗长壮，支撑起二实验这片蓝天。

这段讲话，既稳住了人心，让大家吃了定心丸，还让他们竖起了大拇指。在后来举行的校魂篇论坛上，管美龄老师这样说道：“20 多年来，我们一直在兢兢业业地工作着，却迟迟没换来自己内心的荣耀和从容。我们曾经那么羡慕一实验老师的硬气、牛气，曾经在那么久的日子里，无论我们大家怎么努力，似乎都无法挺直腰杆，无法获得社会认可、赞誉和应有的尊重！我一直觉得我们二实验的教师队伍是一支具有超优秀潜质的队伍，我们几经风雨，历经磨难，内心一直涌动着一种不服输的激情。我曾经常疑惑常思考，我们到底缺少什么？我们每天和名校的老师一样忙碌，最终结果却大相径庭，原因何在？李校长提纲挈领的报告顿时纲举目张，让我豁然开朗！**我们缺少的正是一个明确的目标，缺少的是一盏旗帜鲜明的航标灯，缺少的是我们每个人持续前行的动力！国外一位伟人说过：‘若没有一个伟大的梦想或愿景，则每天忙的都是些琐碎的事情。’**是啊，在没有校魂的日子里，我们不是东一榔头西一棒，天天忙个不停，总是砸不到点子上吗？”

不难看出，提出校魂校训的讲话让教职工产生了强烈的信赖感，由此而产生的成长动力也可见一斑。

三、需增强教师归属感

大量的研究表明，归属感是对自己从事的工作充满激情的根源，没有归属感，就没有责任感。我不否认通过提升福利、美化环境、贴心团建等方式提升员工归属感的方法，但十分重视通过校长讲话这一节俭高效的方式来提升教职工的归属感，通过聆听校长讲话来强化自知，安定内心，激励自我，融入队伍，进而产生归属感，也是教职工体验工作幸福感的重要路径。有的学校之所以走着走着，队伍就散了，掉队的掉队，逃离的逃离，原因就是缺乏凝聚力和归属感。队伍没有“魂”，人人向外求，向外指责，而不知道自己是谁，不知自己该做啥，路该怎么走，成长细胞常年处于休眠状态等，都是没有归属感的表现，而这同样可以通过校长的讲话来引领。

校长讲话要增强教职工归属感，必须在激发内驱力上做文章，激发内驱力要看对象，不能一概而论，泛泛而讲。对当时我们这支平均年龄已达 46.5 岁的教职工队伍又该怎样引领呢？我是这样讲的：

> 老师们，人有三种活法，不知您愿意选择哪一种？第一种：像安于现状的小草一样活着。这种草也在吸收雨露阳光，追求安逸幸福生活，也为大地献出绿色，但不能长久。由于它不思进取安于现状，随着时间推移，周围人就不再像当初那样喜欢它，人们会看不到它的存在，甚至会被无意识踩在脚下，渐渐地由此产生的自卑感会让它生不如死。第二种：像努力开花的小草一样活着。这种草同样吸收阳光雨露，同样为大地奉献绿色，但由于它不安现状，它要努力开出一朵花来装扮这美丽的世界，所以，它在用自己的方式去赢得人们的关注、喜爱与尊重，这种小草，不仅不会被人踩在脚下，反而被捧在手上，甚至‘供’在家里。第三种：像树一样活着。由于树怀着为人们遮风挡雨，奉献阴凉，形成亮丽风景的伟大理想，一直努力地往高处长，直到有一天它真的长高了，理想实现了，当它默默俯瞰大地时，幸福、快乐、感恩、愉悦等丰富的情感体验在心中荡漾，它一定今生无憾，因为就算死了也能为人们做栋梁。

我至今不会忘记当时讲这话时会场的情景，老师们聚精会神，十分安静，一个个神情严肃，若有所思，那目光满怀憧憬，分明是看到了自己的诗和远方。然而，毕竟大多数老师已近半百，长成大树为时已晚。为不使其丧失信心，接下来我又讲道：“当小草并不可悲，可悲的是小草不思进取的心态，如果你自暴自弃得过且过，那就当然可悲了。如果小草心态阳光，不卑不亢，心中始终抱定一种志向，就算这辈子当定了小草，我也要努力开出一朵花儿来，为世界奉上自己的美丽，这小草不亚于树的风光。常言说得好‘石可破也，而不可夺坚；丹可磨也，而不可夺赤’，时间可以夺去我们老师美丽的容颜，但不可夺去我们为国育才的志向和决心。”这段讲话如一股劲风让老师本来平静无奇的心海掀起巨澜，激起了老师们的无限遐想和深思，接下来要做什么、该怎么做就不言而喻，由此可见，通过校长讲话让老师产生归属感是最有效最持久也是最节俭的一种方法。

总之，校长讲话要成为教师成长的力量源泉，就必须用你的见识做引领，学识做底蕴，才气做锋芒，子曰“其身正，不令而行，其身不正，虽令不从”。对一个校长的要求远不是只靠讲话这一招一式去办好学校，而是要求校长的德、才、能、勤、绩五个方面缺一不可，也只有这五个方面都强的校长，讲起话来才能更好地赢得老师们的认同感、信赖感、使命感，进而产生归属感等等，“不患位之不尊，而患德之不崇”，要让老师信你、敬你、心甘情愿跟随你，必须能为老师引出目标、凝聚力量、振奋精神。“履不必同，要利足；治不必同，期于利民”，那么校长的讲话风格亦不必同，要适合学校实情，适合的才是最好的。具备这些条件的校长讲话，就一定能成为激励教师成长的动力源泉。

陶灿功 漯河市郾城区实验小学校长

首届河南最具影响力校长、河南省中小学名校长、河南省优秀教育工作者、河南省名师、中小学高级教师、漯河市首届十佳校长。

校长讲话，要唤醒教师的潜能

校长是一校之魂，一个好校长，就是一所好学校的代表，他是学校精神文化的引领者，优秀思想的播种者，教师专业发展的促进者。**美国管理学大师韦尔奇说：“成为领导之前，成功在于完善自己；成为领导之后，成功就在于推动他人成长。”**校长要以强大的洞察力寻找机会成就教师，促进学校发展。校长的讲话，要能唤醒教师成为有理想信念、有道德情操、有扎实学识、有仁爱之心的“四有”好老师。

校长的讲话，怎样唤醒教师的潜能，让教师始终以积极心态享受属于教师的职业尊严与人生幸福呢？

一、要唤醒教师的理想信念

我先后任正职校长15年，带领两所学校走过了两段异样精彩的办学路。接任郾城区向阳小学的校长时，经过5年的努力，把一个风雨飘摇、负债累累、官司缠身、师资薄弱、生源流失、家长抱怨、社会不满、破烂不堪的学校，整顿并打造成一个异军突起的学校，并使其成为省级课题实验学校、市示范性小学、市课改先进单位。更令我欣慰的是调入郾城区实验小学的这10年，我们学校在唤醒教师的生命激情和教育梦想的同时，坚持以质量立校、科研兴校、特色强校为目标，深入实施素质教育，全面推进基础教育课程改革，坚持育人为本，成为质量成果和荣誉都达到国家级水平的远近闻名的学校。我最大的感悟，应该是教育即生活，教育学即人学。激发教师心中的成长梦想、教育信念，激发出教师内心潜藏的追求专业精进的热情，才能凝心聚智办好一所学校。

一个富有经验、具有强大领导力的校长，他的最大才华在于能够始终清醒自知、高瞻远瞩，不仅自己拥有一个确切的目的地，还能使全校教师知晓和认同这一目的地，并且带领大家一起出发，直至到达目的地。2010 年 8 月，我带着局领导和郾城区父老乡亲的重托，调入郾城区实验小学，在第一次全体教师会上，我这样讲："今天我们相聚在一起，既熟悉又亲切，以前我们曾经一起垫过操场，美化过校园，为一节课的教学设计讨论交流过……我知道当老师很辛苦，当实验小学的老师更辛苦！"回到曾经任副职的学校任校长，我通过点滴琐事，拉近彼此间的心灵距离，显得更接地气、有亲情。朴实、生动、诙谐，而又不失生活哲理的语言，使老师们在笑声中愉快地接纳了我，进而接纳我的理念。停顿片刻，我接着说：**"但是教育是为国家培养人才的，今天我们实验小学要让每一位教师教得轻松，让每一位学生学得愉快！让每个学生心中最眷恋的地方是校园，最舍不得离开的人是老师，最终拥有良好的修养、文明的举止、优雅的谈吐和宽广的胸怀，能够用充满爱的心灵去迎接未来的生活。""我们要提高工作效率，不必起早摸黑刷题提分数，要发现人、理解人，鼓励人、成就人，要从人的天性出发，让人真正成为人，而不是分数、升学率的附属品。"**我看到老师们的眼睛里充满了信任和依赖。思想忽然被注入了新鲜的理念，老师们好像获得了新生。会后有老师谈论，他们好像已经在跟着这样一位高瞻远瞩、理想远大、追求卓越、理念先进的内行校长工作，相信一定会让学生、学校走得更高、更远。

二、要唤醒教师的道德情操

在向张玉滚老师学习的活动中，我说："张玉滚老师除了无私奉献、吃苦耐劳的品质令人感动以外，在多年的乡村教学实践中，他还逐渐摸索出一套科学、务实、管用的教学方法。教书和育人，他尽力做到了最好。”此时，我不失时机，话锋一转：“张玉滚老师是感动中国的好老师，其实在我们学校、在我们身边，也有张玉滚式的好老师，接下来我们将层层选拔，评选出我们学校的最美教师，让全体师生、学生家长也向他学习。”老师们面露兴奋，开始窃窃私语：“‘最美教师’？谁可以是‘最美教师’？怎样做一个‘最美教师’？”看得出，这句话激起了老师们心中的涟漪。180位教师，通过激烈竞争，最终有10位光荣入选学校“最美教师”。我们挑选优秀的演讲老师，如期举行了“最美教师”先进事迹宣讲活动，他们最鲜活的饱含真情的成长历程和教育故事，最接地气的班级建设与管理理念及实践智慧一经推出就迅速传播开来，感动着每一位教师。就在这项活动激起每一个人的心灵共振时，我激励大家：“这10位最美教师的事迹感动着我们每一个人，这是我们实小教师的敬业奉献精神的缩影。我们实验小学在短短的20年，从300名学生发展到今天的5000多名学生，就是因为我们这群怀揣教育梦想的老师，有深深的教育情怀，强大的学习力和钻研精神，得到了学生喜爱、家长满意、领导肯定、社会认可。做一个幸福的、向上的、自豪的实小教师，明天的实小一定会因实小人的努力而更加辉煌！”这一席话回忆20年的历程，既肯定了领导和老师们一起打拼的辛苦，又为老师树立了专业成长的榜样。微信工作群里点赞刷屏，老师们纷纷留言道：热血沸腾、心潮澎湃、激动不已、用心实干、充满智慧等等，这是内心力量被激活后发出来的灵魂呐喊。老师们获得了精神成长，提升了精神境界，突破了思维局限，心灵上更加敞亮，对生活和每天从事的工作有了新的认识，增强了认同感，发现了新的价值，从而更加积极达观，奋力向上。

三、要唤醒教师的扎实学识

学校成功和失败的真正原因是人，唯一的办法是采取“改变”或“改造”的策略。改变教师的主要方式是推进教师学习，了解教师的心理需求，促进教师发展，同时积极引导教师向高层次发展，走专业化发展之路，实现自身价值。教师的学习和专业水平提高，除了依赖于学校管理者的行政控制，高水平教师的学术指导，上级教研和师训部门的任务布置、听课、评课、写报告，以及读书学习这些专业修炼的重要途径，更依赖于特定的态度品质和科研能力。

苏霍姆林斯基曾经说过：如果你想让教师的劳动能够给教师一些乐趣，使天天上课不至变成一种单调乏味的义务，那你就应当引领每一位教师，走上从事一些研究的这条道路上来。学校原来只有部分骨干老师在做课题研究，其他老师有的感觉困难，不敢研究；有的职业倦怠，不知怎么做；有的教育理念落后，怕影响教学进度，不愿接受。但我们是面向未来培养学生，要引导学生树大志、养智慧，去解决未来的问题，去发明现在还不曾有的技术，去创造现在还不能想象的生活。新时代的优师、名师必须同时成为学者型、专家型、研究型教师。在一次课题开题报告交流和结项课题表彰会上，我总结："今天我们表彰的结项课题有三个区级、一个市级，还有一个省级的。收获是幸福的，但每一个课题研究都浸透着研究者辛勤的汗水。"老师们正在羡慕、向往之时，我说："刚才还听了这几个课题的开题报告，我们可以深刻体会到，其实课题研究没有什么高深之处，就是把我们教学实践中发现的问题进行提炼、深入研究、发现规律。这样坚持下去，就会成为有教育理念、教育思想的教育家！"正在老师们憧憬未来之时，我趁热打铁说："相信大家都不甘做一辈子的教书匠，想做一个最好的教育家，就从课题研究开始吧，我们把工作中遇到的最需解决的问题作为研究的小课题，人人参与课题研究，把优秀的研究课题逐级上报推荐！"下面的老师用掌声表示赞许和激动的心情。在这种共情的氛围中，尽力站在老师的角度去看待问题，开展真诚的沟通，鼓励他们对梦想满怀热情，那就会使他们拥有无限动力，使他们勇于尽情发挥自己的聪明才智和特长。

校长强调学校老师人人参与课题研究，是为了爱护人，激励人，培养人，让每个人都得到发展，都有归属感、成功感。校长不能只识千里马，千里马并不常有。因此，校长既要用好千里马，也要用好百里马、十里马。在一个学校中，每个人都有自己的个性能力特点，每个人都有他最乐意、最有兴趣的工作点，校长的讲话就是为了让每一位老师的潜能得到最大限度的发挥，创造一个生机勃勃、积极向上的能量场。

校长充满激情的讲话可以感染教师，教师的激情可以感染学生，校长、教师、学生的激情融汇在一起，校园才能充满浩然正气、蓬勃朝气、昂扬锐气，学校的事业才能永葆生机活力。

四、要唤醒教师的仁爱之心

做好老师，还要有仁爱之心。教育是一门“仁者爱人”的事业，爱是教育的灵魂，没有爱就没有教育。有了爱，老师才能真正做到尊重、理解、宽容学生，才有真正意义上的教育。在师德师风演讲大会上，一个教育故事谈到学生把孟老师叫作“妈妈”，我借着这个故事给老师们说：“这说明孟老师把学生当成了自己的孩子来教育。面对学生我们反思：假如我是孩子，假如是我的孩子，我们该怎么做？”此话引起了老师们的心理共振。我又接着说：“我们一定想要把学生培养成德才兼备、具有实践和创新能力的新时代好少年。所以，我们对学生会进行爱的教育，相信学生，相信每个学生都能够成为有用之才；尊重学生，尊重学生的人格，尊重学生的发展规律。让学生在获得尊重、信任的同时，学会自我教育，自我完善；理解学生，理解学生学习的需要，成长的需要，人格尊严的需要。在适当的情形下，用恰如其分的方式帮助学生，而不是体罚和变相体罚。”

教育的根本目的是立德树人，为党育人、为国育才。教师对学生的仁爱要和国家的需要结合起来。教师必须为孩子今天的幸福成长谋划创新，又必须为孩子终身成长夯实基础！为国育人，育大气有格局的人，育勇敢有担当的人，育健康有创造的人。校长的讲话要体现育人的优秀理念和为国育才的崇高使命。

校长的讲话，要围绕习近平总书记提出的“四有好教师”的标准，以讲故事的形式，从人的天性出发，把学校的发展目标和愿景播撒在老师的心田上，让教师和学生在日常的教育和生活中，享受教育的诗意，享受智慧的快乐。

校长的讲话，要具有感召力，能唤醒潜能，激发力量。唤醒不是强迫，是发现人、理解人，鼓励人、成就人。讲话要体现校长卓越的才气，深厚的

学养，宽广的胸怀，真诚的态度，独特的人格魅力。这样，老师才会相信你，尊敬你，心甘情愿跟随你。要唤醒年轻教师尽快成为骨干、优秀教师；要能够使人近中年已小有成就的“优师”行稳致远，再铸辉煌。唤醒教师不论做壮阔的大海，还是优雅的小溪，不论做芬芳的原野，还是翠绿的小草，始终以积极的心态享受属于教师的职业尊严与人生幸福！

优秀案例及解析

卢军玲 济源市实验幼儿园园长

河南省中小学名校长、河南省教育系统先进工作者、河南省教育厅学术技术带头人、河南省教师教育专家、济源市教育系统先进工作者、济源市第七批学术技术带头人、济源市首届校长标兵、济源市优秀幼儿园园长。

不忘初心，乘风远航

——写在济源市实验幼儿园微信公众平台发布 1000 期之际

亲爱的孩子们、老师们、家长朋友们、社会各界人士：

金秋送爽，硕果飘香。今天是 2019 年 10 月 15 日，举国上下还沉浸在新中国成立 70 周年的喜悦里，为祖国取得的伟大成就欢呼、呐喊，体会做一名中国人的自豪和骄傲。今天，我园又迎来了一件大喜事，那就是我们的“济源市实验幼儿园”微信公众平台发布已经整整 1000 期了！

回想五年前，2014 年的 9 月 23 日，济源市实验幼儿园微信公众平台像一个刚落地的娃娃，在实幼人的呵护下，慢慢地从点滴开始蹒跚学步，不断地学习和创新，开设了“校园新闻”“幼儿天地”“济之源故事汇”“实幼宝宝故事屋”“文明创建”“家长学校”等 6 个栏目，通过音视频、图片、文字等多种方式，向社会、家长、教师全方位、多角度、快节奏地展示着我园的风采和魅力，开拓出我园媒体宣传的新渠道，成为我园对外宣传的一个重要窗口。

1000 期，很长——

一路走来，我们济源市实验幼儿园微信公众平台已经在执着坚守中走过了五个春夏秋冬，记录着实幼发展进程中的每一个精彩时刻和日常的平凡瞬间，每每翻起，满满都是美好的回忆。

1000 期，很多——

我们的平台见证着实幼每个孩子成长的精彩瞬间：晨间活动中绽放的蓬勃生命力、对生活教育的渴望、走进消防队的认真、寻秘大自然的好奇、探访科技馆的兴奋、开学典礼上的铮铮誓言、运动会上的精彩展现、世纪广场放飞风筝时的灿烂笑脸、毕业典礼上的梦想实现……一篇篇文字、一张张照片，这些记录每一个孩子成长足迹的资料，让童年变得充实、饱满而精彩。

1000 期，很强——

平台记录了济源实幼每位用爱心、耐心、细心、责任心和过硬专业伴随孩子成长的教师，“四有好老师”是我们追求的目标，孩子人生成长的“四个引路人”是我们奋斗的方向。最美实幼人刻苦学习、认真钻研、磨课研讨、研究提升，无数个日日夜夜的辛苦付出，让我们的保教质量节节攀升，结出了累累硕果。在省市级优质课大赛、教学基本功大赛、自制教玩具比赛、各类征文论文发表、幼儿节目作品比赛中，数百项大奖被老师们欣喜捧回，河南省名校长、河南省优秀教育管理人才、河南省名师、济源市楷模教师等荣誉称号花落实幼。

1000 期，很实——

平台记录了济源实幼每位用心陪伴孩子成长的家长朋友。童年只有一次，失去不可重来。为了“做一名优秀的家长”，学习成了每位实幼家长生活中必不可少的一部分，按时参加每次的家长会，精心陪孩子完成每次亲子活动，认真收看每次的家长课堂，全心记录自己的学习体会。家长在学习中提高，在提高中收获孩子成长的快乐，高质量陪伴孩子成长成了实幼家长的常态。

1000期，很美——

1000期里，5000余条信息，4458个粉丝，园长妈妈讲的698个故事，“实幼宝宝故事屋”展示的330个孩子讲的故事，500期的家长学校专栏……倾注了管理人员的心血，也展现着实幼一个个美丽的瞬间。每天发布幼儿园的信息，宣传人员都要提前思考、精心策划，耗费了大量的时间。但他们毫无怨言，把自己对幼儿园的爱融入每一条信息，及时准确、图文并茂、精彩纷呈的报道成了他们在本职岗位上付出的最美奉献。

1000期，很牛——

实幼微信公众号伴随着济源市实验幼儿园跨越了高质量发展的关键时期。“河南省示范幼儿园”的成功复验，“河南省教育系统先进单位”“河南省卓越家长学校”“河南省五好关工委”“河南省首批家园共育示范幼儿园”“河南省第七届教育名片单位”“河南省语言文字规范化学校”“济源市文明单位”“济源市先进单位”等近百项荣誉称号是对全体实幼人努力付出的褒奖，更激励着我们以昂扬的斗志去迎接新的挑战。今年，济源市实验幼儿园实现了建园以来的跨越式发展，在时间紧、任务重的情况下，确保了今年全市“十大民生”工程之一的愚公路校区顺利开园，迎来了6个小班新生的到来，开辟了济源实幼“一园两址”的办园新格局，再次用优质的教学成果回馈了社会各界对我们的期盼。

1000期，很短——

在实幼发展的历程中，幼儿园微信公众平台的1000期，正如漫漫长河中的一朵浪花，也似璀璨夜空中的一颗明星。站在新的起点，全体实幼人一定会不忘初心，重整行装再出发，乘风远航，再创实幼新的辉煌，用实际行动迎接明年实幼四十年园庆，用优秀的成绩向祖国献礼，用优质的教学成果让家长放心满意。

在此，祝贺济源市实验幼儿园微信公众平台顺利发布1000期，愿实幼微信公众平台承载着大家的嘱托和厚爱，办得更加“有温度、有深度、有力度、有广度”，走进千家万户，让更多的孩子、老师、家长及园所受益。并祝济源市实验幼儿园的明天越来越好！

案例解析

此文写于济源市实验幼儿园微信公众号发布1000期之际。全文用“长、多、强、实、美、牛、短”七个关键词，串起了时间长河里，实幼微信平台走过的每一段历程。不间断的五年坚持，才使1000期变得“路程很长”；每个精彩瞬间的记录，1000期的“活动很多”化身成无数个真实的画面；因为教师们的责任在肩，1000期的“专业很强”变成了必然；正是源于最美实幼人的共同努力，1000期的“奉献最美”才定格在一个个默默付出的瞬间；实幼的每个跨越式发展，让1000期的“成长最牛”成为实幼人给社会的承诺和兑现；1000期是积淀，但更是起点，与漫漫长河相比只能是其中的“很短一段”。通篇表达了全体实幼人矢志不渝的教育情怀，虽然话不多，但是情很真，虽然语不长，但是情很浓。

葛玉霞 安阳市第一实验小学校长

中小学高级教师、河南省中小学名校长，“全国五一劳动奖章”“全国巾帼建功标兵”“河南省优秀教育管理人才”获得者。

致敬攀登者

——在全校师德师风会议上的讲话

老师们，大家好：

新学期将要拉开序幕，紧张纷繁的工作即将扑面而来。当今社会对教育高品质的需求，对学校教育提出了更大的挑战。假期我看了一部电影《攀登者》，很受触动，借此机会和大家分享一下感受。

1960 年，中国登山队向珠峰发起冲刺，完成了世界首次北坡登顶这一不可能的任务。15 年后面对西方国家的质疑，中国登山队再次登临珠峰，电影《攀登者》真实再现了中国珠峰登顶的传奇。这是一部荡涤灵魂的纯净之作，向那些超越极限、倔强不羁的“攀登者”致敬！

人为什么登山？在那个艰苦的灰色年代，刚刚成立不久的国家，就完成了从“死亡之路”登临“世界之巅”的壮举，有力地回击了“蜉蝣岂能撼树”的嘲讽，捍卫了国家主权。

为国攀登，寸土不让！这是骨气，更是信仰的力量！在这个奋进追梦的时代，我们更需要这种创造“中国高度”的攀登精神！人人都是攀登者，我们一直在路上！

教育是一场艰苦的赛跑！“为国育才”是我们永恒的方向。在过去的一年，实小人精进不懈，在攀登的道路上努力创造新的“实小高度”。实小的规模在创造新高，实小的教学质量在稳步提升，实小的校园环境建设迎来新的机遇，打造“有未来精神的古典校园”在积极开展……

难忘已进行八届的“古韵童声”经典咏流传活动，不断激发着师生们的创造力和表现力，我们以“为孩子们的人生打下鲜明的底色”为主题，师生们“和诗以歌”创作了一批新作品：《中国字中国人》《玄鸟生商》《礼颂》……老师们殚精竭虑、倾力而为，孩子们倾情演绎、韵味十足。千年的文字在童声中流淌，很好地落实了习总书记提出的“中华优秀传统文化创造性转化、创新性发展”的精神。

难忘“德育嘉年华”活动中孩子们自在、自得、自乐的神情，校园中的“我的中国”经过师生和家长的共同创作，令人赞叹不已。十月的校园，200米的地面巨幅沙画绘出师生们的中国心、爱国情。世界各国的汉学家走进校园，给孩子们讲汉字的故事。艺术组的老师们带领孩子深挖殷商文化的内涵和艺术元素，布置了古朴自然的文化展厅，从儿童的视角出发，使汉字的演绎充满童趣。千年的甲骨文在孩子笔下流转，传统文化的种子在萌发。师生们的艺术审美力达到了一个新的高度。

难忘教师节老师们的铮铮誓言和拳拳爱心，难忘“教育的故事”的讲述中，老师们对每一个孩子的关注，对每一个活动的用心，对每一项工作的尽责。尊重、公平与宽容就是实小教师的“童心母爱”，老师们把身体和心智的能量发挥到了极致，为了每一个孩子锲而不舍、不厌其烦。用心让一切美好变得更有可能。

每一位实小人的攀登都会被铭记，每一步的攀登都让我们变得更加坚韧、宽容与充盈！

“背朝灯火面朝星光，下一步就在前方，白云之上，哪来彷徨，万古只见雪茫茫，每寸冰霜，每寸锋芒，每一步都是信仰，往来绝壁，那道天梯，可以是我的肩膀。”

教育的喜马拉雅山，她正在等我们前往！

案例解析

伟人毛泽东说过："世上无难事，只要肯登攀。"由电影《攀登者》而触发的灵感，正好契合了我要对7000多名实小师生表达的观点，实小经过多年的创新实践，探索出"童趣天然、适性成长"的适性教育理念。在这个需要更加有力、协调统一、执行实践的关键时刻，我们实小人需要这种坚定的、无所畏惧的攀登精神。否则，再好的理念和制度，如果缺乏了坚定的信念和良好的执行力，实践效果都会大打折扣，甚至功亏一篑。

"攀登精神"也是这个时代的呼唤，我们的教育正处于在艰难的探索中成长的关键时期，只有具备了创新、探索和坚强的"攀登精神"，才能找到一条更适合我们国情、时代的教育实践之路！

安耀伟 平顶山市新华区实验小学校长

全国骨干校长、河南省教师教育专家、河南省学术技术带头人、河南省名师、河南省骨干教师、河南省优质课教师、平顶山市优秀教师、平顶山市拔尖人才、平顶山市优秀校长。

在 2019 届毕业典礼上的致辞

尊敬的各位嘉宾、家长、老师，亲爱的同学们：

大家上午好！

6 月的风催浓了校园的绿荫，花园里五颜六色，落英缤纷，享受着成长的喜悦，洋溢着收获的激动，我们欢聚在这里，隆重举行 2019 届毕业典礼。

借此机会，我代表全体老师向 2019 届 298 名毕业生说说心里话。此刻，有许多感慨与不舍，但更多的是祝福与期许。

6 年，2190 多个日日夜夜匆匆而过。还记得一年级入学时，妈妈牵着你的小手把你交给老师，可妈妈一走，你就哭着闹着要回家，且不论课上还是课下，今天你听起来会笑自己吧；还记得运动场上你们灵动矫健的身影，还记得演讲比赛时你们妙语连珠，博得阵阵掌声，还记得你们劳动时累得大汗淋淋，还记得六一演出的舞台上你们跳舞歌唱，多才多艺。这些都成了老师最美好而深刻的记忆。孩子们，**校园景色若有十分，三分是老师，七分在你们。学校的一草一木，见证了你们的成长与欢乐。**成绩的取得来自你们的努力，也要感谢关心和陪伴你们的老师，他们见证了你们的笑与泪，他们是你们坚定的支持者，是你们在实小最温暖的底色，是你们永远要感恩的人。我也想借此机会代表学校向六年级所有的老师表示诚挚的谢意，你们辛苦了！

孩子们，今天，你们走完了小学 6 年的旅程，从此步入人生又一美妙的阶段——青春时光。未来，你们将带着老师的期待走向不同的中学、大学，不同的城市和国家，一路上你会遇到很多的良师益友，那是人生最大的财富。

在这里，老师希望你们一定再交上两个终身的挚友——书籍与运动。要热爱这两个地方——图书馆与运动场。文明其精神，野蛮其体魄，这是毛主席和习大大对青少年的嘱托。

孩子们，你们还要乐于聆听两种声音：精彩极了和糟糕透了。前者是赞美与肯定，后者是鞭策与激励，善于聆听后者的人一定是强者。前进的途中，不论有没有掌声，我们都要有始有终。

孩子们，要想实现理想、有所作为，你们一定要学会有所不为，因为你的精力与时间有限，你要学会选择，有所为容易，但有所不为得靠毅力。比如手机、电脑，在信息大数据时代，它们不是玩具，它们是现代人学习、生活、工作、交流的强大工具。电脑软件大王比尔·盖茨在接受记者采访时曾说过：“我成功的秘诀不是做了些什么，而是明白不做什么……”语言大师林语堂先生的书房起名为——有不为斋。所以老师希望你们，对不利于自己成长成功的人和事，要果断地舍离。

亲爱的同学们，印度诗人泰戈尔说：无论黄昏把树的影子拉得多长，它总是和根连在一起。你们 6 年来一定都牢牢地记得实小雕塑上的校训——饮水思源，感恩怀德！

作为新华区实验小学一名合格的毕业生，母校已经把“感恩怀德”的人生格言深深地刻在了你们的心里。老师相信，你们会用自己的智慧、毅力来征服一路上的挑战，来欣赏一路的风光！老师还相信，无论你们走到哪里，都会继承和发扬母校的优良传统，在母校那沉甸甸的荣誉簿上增添浓墨重彩的一笔。

请记住，**无论你飞得多么高远，你一直在老师的视线中。母校和恩师的教诲希望你一直记在心间，期待所有的学子用渊博的学识与高贵的品格去回报小家、大家与国家。明天让恩师与母校因你而骄傲！**海阔凭鱼跃，天高任鸟飞，借今天这个机会，我为大家壮行。新华实小是你梦想开始的地方，就让你们的生命之舟从此开启新的航程，载着对太阳的憧憬和对未来的畅想，乘风破浪，一路前行。

亲爱的孩子们，此刻请起立，以无限感恩之心向老师深深鞠躬。请班长代表全班同学，给老师送上热情的拥抱。

感谢师恩，感谢托举！

谢谢大家！

案例解析

毕业，是人生中一个特别有意义的日子。毕业致辞是校长代表学校给孩子们上的最后一课，也是孩子们最后一次聆听的母校师长的教诲。必须有金句，初听莞尔，细品泪目，谆谆诱导，永记心田！我拨动时针，让它回转，带大家追忆当年，话师生之情；评说当下，享成长之乐；畅想未来，树理想之帆。用真诚和祝福向孩子们倾吐教育心声，将师长的展望与期待化作春雨浸润他们的心灵，让他们在毕业典礼仪式中获取进取的力量，明确自己的信念、目标与责任，牢记使命，砥砺奋发前行！

张磊 信阳市平桥区第一小学校长

河南省中小学名校长、河南省特级教师、河南省优秀教师、河南省学术技术带头人、河南省优秀教育工作者、河南省课改工作先进个人、河南省教师教育专家、信阳市教育新闻人物、信阳市五一劳动奖章获得者。

在 2018—2019 学年上学期开学典礼上的讲话

亲爱的老师们、同学们：

大家早上好！金秋九月，硕果盈枝。经过一个暑假的休整，我们又迎来了一个新的学年，开始了新的学习生活。今天我们校本部 5800 多名师生隆重集会，举行新学期开学典礼！首先我代表学校向全体学生致以新学期的问候和热烈的欢迎；其次，今天是我国第 34 个教师节，在这里让我们以热烈的掌声，向全体教师致以节日的问候和崇高的敬意！

新的学期，承载新的梦想，放飞新的希望。老师们，以习近平同志为核心的党中央对教育寄予了殷切的期望，提出了更高的要求：努力办好人民满意的教育，全面贯彻党的教育方针，把立德树人作为教育的根本任务，培养德智体美劳全面发展的社会主义建设者和接班人。深化教育改革，提高教育质量，教师是关键。今天我们将表彰一批在过去的一年里敬业奉献、成绩优异、表现突出的优秀教师、师德先进个人和十佳班主任。希望老师们以他们为榜样，在新的学期端正教育思想，提升师德水平、提高业务能力，进一步增强教书育人的责任感和使命感，争做团结协作的模范，严谨治学的标兵，学生思想的塑造者和精神的关怀者，做“有理想信念、有道德情操、有扎实学识、有仁爱之心”的“四有”好老师，为每一个学生的成长成才尽心尽力，不负时代赋予的光荣使命。

俗话说：“良好的开端等于成功的一半。”新学期开始了，我相信同学们一定会满怀信心走向成功。怎样争取有一个良好的开端呢？在这里，我向同学们提议：**第一，树立一个信心：我能行！**自信心对我们的学习很重要。我们读书学习，需要有决心、有信心、有行动。在这儿要送大家三句话：“相信自己，我能成功！鼓励自己，天天成功！超越自己，一定成功！”**第二，营造一种学风：认真刻苦！**新学期开始，我们要在班级里营造一种优良的学习风气，凡事从“认真”开始。诚然，同学们良好的家教和聪明的头脑学起知识来很快，一看就懂，但是我要提醒你们的是在学习中，**同学们要有一种老实的态度，要从最基本的知识点学起，“天下大事，必作于细”。只有收起你那点沾沾自喜的小得意，你才能在学习的道路上越跑越快。**学业成功的过程也离不开勤奋和刻苦。同学们，学习从来就不是一件轻松的事情，古有“头悬梁，锥刺股”，虽然如今我们小学阶段没有很大的升学压力，但是在学习中培养攻坚刻苦的精神是必不可少的，这种精神也将在你以后的人生旅途中激励着你向更高的目标冲刺。**第三，培养一个习惯：自觉自愿！**学业进步，贵在自觉。我们要在老师的指引下，培养自己良好的行为习惯、学习习惯和生活习惯，自觉自愿遵守小学生守则和学校的规章制度。让好习惯成为我们小学六年乃至一生的好伙伴，让我们健康快乐地成长。**第四，创设一个环境：文明有序！**每个班级都是学校的缩影，每个学生都代表学校的形象，每寸校园都代表学校的风貌。同学们要做到语言文明，行为文明。在校园内不乱丢杂物，不欺负小同学；在校外遵守交通规则，热心帮助他人；在家尊老爱幼，孝敬父母；在社会上做一个爱国爱民、遵纪守法、诚实守信、文明礼貌的优秀小公民。

同学们，今天，我们每一位老师满怀激情期盼着你们在阳光下健康快乐地成长，希望你们长得更高、变得更懂事、学习上更优秀。而你们，也一定会用自己的言行，给老师交上一份满意的答卷。同时我也希望我们每位教师争做学生欢迎、家长满意、同行敬佩的优秀教师。我相信，我校这支思想素质高、业务能力强、富有责任意识和进取精神的教师队伍，一定能为我们每一位学生的成长和发展一如既往地搭建广阔的平台！

同学们、老师们，让我们在一小这个大家庭里快乐学习，幸福成长！勤奋钻研，实现梦想！愿我们的校园成为大家最温馨的“家园”和“乐园”，成为“文化园”！最后祝同学们学习进步，健康快乐！祝老师们身体健康，事业有成，节日快乐！祝愿我们的学校百尺竿头，更进一步！谢谢大家！

案例解析

信阳市平桥区第一小学，始建于1949年，与新中国同岁。学校办学历史悠久，文化底蕴深厚。每年9月份开学，学校都会举办隆重的开学典礼，本篇便是我在2018年9月开学典礼上的致辞。整篇讲话稿语言精练，内容丰富，紧紧地围绕“携初心，砥砺奋进新时代；创名校，立德树人办教育”这个主题进行演讲，不仅表达了对全体教师的期望，而且向全校学生提出了要求。讲话稿的“金句”在第三自然段里，“树立一个信心”“营造一种学风”“培养一个习惯”“创设一个环境”，这“四个一”是基于党和国家“立德树人”的教育方针，结合学校“正衣冠、正言行、正学业、正心性”的“四正”育人目标提出来的，用“四个一”激励学生奋发向上的斗志，给予学生蓬勃成长的美好愿景，展望学校未来的发展之路，目标明确，思想深刻，对以后学校的教育教学工作具有很好的指导作用。

杜俊 鹿邑县实验中学校长

河南省学术技术带头人、河南省中小学幼儿园骨干教师、河南省中小学名校长、周口市优秀教师、鹿邑县劳动模范，主持并参与多个国家级、省级课题研究。坚持“着眼未来，为孩子提供最好的教育，让每个孩子获得幸福和成功”的办学理念，促进学生身心健康。

做智慧家长，育优秀孩子

——在家长会上的讲话

在今天的家长会上，我只想和各位家长交流如何做好家庭教育的话题。

苏联教育家苏霍姆林斯基说过：“家庭要有高度的教育学素养，如果没有整个社会首先是家庭的教育学素养，那么不管教师付出多大的努力，都收不到满意的效果。”党的十八大以来，习近平总书记在不同场合多次谈到要“注重家庭、注重家教、注重家风”，强调“家庭的前途命运同国家和民族的前途命运紧密相连”。孩子成长、成才由很多方面的因素决定，千万不要只依赖于学校，以为把孩子交给学校就万事大吉了。家庭才是孩子成长的沃土，父母是孩子成长的水分、阳光。那么，如何才能做智慧家长，做好家庭教育呢？

分数不是孩子的全部，身心健康才是关键。家长要学会欣赏自己的孩子，不以成绩的好坏来作为评价孩子的唯一标准，懂得欣赏的家长才是智慧的家长。高分数并不能说明孩子就很优秀。任何一个孩子都是上天赐给你最好的礼物，经常欣赏你的孩子，使他具有健康、乐观、积极、向上的心态，这才是孩子最大的成绩，不要揪着学习分数不放。**家长多看到孩子的优点，不放大缺点，多谈心鼓励，少责怪埋怨，多关心成长，正确看待分数，孩子才会**

有一个健康、进步、幸福的人生，这才是我们最大的愿望。

不要用我们的观念，绑架了自己的孩子。生活中不知有多少家长正在践行着自己的价值观，把自己的意愿强加给孩子，结果适得其反。我打你，是因为我爱你，为你好，所以我是对的，你是错的。我关心你，所以你得听我的；我在乎你，所以你得回到我喜欢的状态，但结果却不尽然。我们的孩子反而与我们对着干，这是因为孩子在用自己的方式证明自己的存在或表达自己的精神需求，是在追求人格的平等和尊重。世界上最自私的话莫过于：就是所谓的“我这是为你好”。请大家别总把这话挂在嘴边，最合适的感情，不是以爱的名义相互折磨，而是彼此陪伴，成为对方的阳光。被父母掌控人生的孩子，很难拥有自己的独立人生，甚至会对孩子成年后的生活产生负面影响。父母与孩子在人格上是平等的，我们要做一个民主型的家长，不用我们的固有的观念，去绑架我们的孩子的未来。

家庭关系的好坏，决定教育孩子的成败。家长是孩子学习最好的榜样，对他们的影响是耳濡目染、潜移默化的。家长能孝敬父母、关爱老人，孩子也会孝敬你。和谐的夫妻关系可以为孩子的健康成长创造一个良好的家庭环境。良好的亲子关系不仅可以为家长提供教育子女的机会，而且为孩子树立了榜样，让孩子学会与他人合作的态度，这对孩子今后建立良好的人际关系有着极大的影响。

俗话说：“无规矩不成方圆。”我们不能一味地溺爱孩子，但也不能对他们的一切事情都干预。当家长和孩子出现学与玩的冲突的时候，家长与其整天唠叨、焦虑、苦恼，倒不如让孩子自己决定并分配学习与玩的时间。父母不要每天监控孩子履行承诺的状况，可以一周或两周的时间与孩子交流一次，从中了解孩子履行协议的情况。这样有助于建立平等融洽的亲子关系，形成良好的家风。

家庭教育在教育体系中，就像是建高楼大厦的基石，基石打得好，才能建成优质的高楼大厦。孩子健康成长是我们共同的愿望，所以我们心在一起，目标一致，携手同行，为了孩子的将来一起努力。做智慧家长，育优秀孩子。

案例解析

当前学校教育的一个关键问题在于家庭教育的缺失，家长对孩子教育方法、教育理念的缺失，对学校教育的不理解、不配合。

本次家长会，意在与家长交流家庭教育的问题，帮助家长提高认识，明确自己的责任与义务，做到家校共育。讲话里面，着重谈了正确看待分数，建立良好的家庭关系，家长给孩子树立榜样，适当制定家庭规矩，建立学习型家庭，做学习型家长等方面的内容，能够给予家长启示和反思，有助于学校教育的发展。本讲话稿，能紧扣当前教育中的关键点，解决一些涉及家庭教育方面的实际问题。

李新乐　济源克井镇第一初级中学校长

河南省中小学名校长、河南省文明教师、河南省优秀教研员、济源市优秀教育工作者、济源市优秀教师。2016 年至今，通过构建“知书·达礼”课程体系，将一所全市最薄弱的农村中学带成全市知名、品质优良的学校。

家国情怀，一世情缘
——在初三毕业典礼上的讲话

亲爱的同学们、老师们，各位来宾、朋友们：

欢迎你们来到毕业典礼现场！

每年，我们都如约相聚在 6 月 27 号，相聚在这样一个热情如火的夏天，用最真挚的语言，最真诚的祝福，最感动的离愁，为一段青春旅程举行一个盛大的典礼！仪式铭记历史，仪式更指向未来！年轻的朋友们，2019 届初三的同学们，祝贺你们度过了人生最不稳定的一段旅程，祝贺你们顺利毕业！

这一段旅程中，有好奇、天真、积极向上的七年级，有自尊、好强、语不惊人死不休的八年级，有奋斗、坚持、彷徨中偶有迷茫的九年级。然而无论怎样，这一段旅程，从此镶嵌在你的人生之中。我常常用这个观点激励大家：**你的未来就是家族的未来，你在哪，你老李家，老张家，老王家就在哪！没有一个人能够逃避这样的现实责任，无论你愿意与否。假如你身在海外，你还代表着中国，你在哪，中国就在哪！家国情怀，就是要突破自我空间，突破那个小我，勇于承担本该就属于自己的责任。**

未来你们会是怎么样的，我不得而知。面对青春，我想说：拥有家国情怀，便会许你一世情缘。

第一，你在哪，中国就在哪。同学们，“南开三问”振聋发聩，我们万不能忘记自己的身份，忘记自己是一个中国人。近代以来，我们的国家多灾多难，老百姓常常流离失所。在中国共产党的领导下，数以万万计的有国家情怀的建设者，历经了常人难以想象的磨难，才换来了国家的独立，人民的安定生活。过去，没有互联网，我们不知道这个国家在前进过程中，会遇到如此多的挑衅和危机，从银河号事件，到我国驻前南斯拉夫大使馆被炸；从战机被撞，到中美贸易战争……我们的周边列强环伺，危机重重，战争的危机从来没有解除过。我们需要变得更强，需要举国同心，共同维护我们的家园。当今这个国家比任何时候都更需要建设者，更需要创造者来承担为国家服务的使命。年轻的朋友们，在这个大众创业、万众创新的时代，只有把自己的事业和国家的命运紧紧地联在一起，不断增强舍我其谁的使命感，才能真正让自己的生命更有价值，更有意义。

第二，做个传统的中国人。我特别期望，克井一中的学子要做一个传统的中国人。传统表现在辈分不能乱，对天、地、君、亲、师，要有十足的敬畏；传统表现在身份和角色不能乱，穿衣打扮，行事方式，不能过于标新立异；传统还表现在我们崇尚英雄，但更在意集体。一味地特立独行，以为自己是“老大”，目中无人，常常伤害集体利益，这不是中国人的传统。**做传统的中国人，不是不要外来的先进东西，而是当我们以失去传统为代价，来学习他人经验，就会倒在半路，失去灵魂，迷失方向。中国人就是中国人，中国心就是中国心，坚守传统，守住初心，让我们更有中国范儿！**

第三，遵守规则，就是维护正义。6月26日早上7点20分，两个班排队出发，在离中考专车5米远的时候，队伍突然散掉，大家蜂拥冲向了汽车的门口，我很揪心这个事情，规则突然被个别人打破，结果所有的人都成为规则的破坏者，这是一个十分可怕的“剧场效应”，反映出我们集体公众意识的缺失。于是，我让这两个班重新下车，然后按照规则，有序上车，此时，有些人会有座位，而有些人可能失去了坐的机会，但从学校到考场，仅仅25分钟站立的时间，却维护了社会的正常秩序，维护了一个社会最起码的正义。**我们呼唤正义，需要正义，一个公平而有正义的社会，正是在我们一次次地**

遵守规则的基础上建立的。因此，在任何地方，任何时间，克井一中的学子都要遵守规则，始终为一个正义社会的到来贡献自己的力量。记住校长的话，遵守规则，就是在维护正义！

命运与国家相伴，事业与社会相连。家国情怀，一世情缘。此时此刻，我向即将离开母校，踏上新征程的全体九年级学子道声祝福，祝福你们即将铺开的人生画卷更加灿烂辉煌。向各位家长再嘱咐一句，陪伴、尊重、讲规则，送给孩子一生幸福！最后，向全体九年级教师道一声，你们辛苦了！送走这一茬，还有下一茬，茬茬用心，茬茬揪心，这就是师者仁心。

最后，让我们大家一起鼓掌，感恩三年相聚！

案例解析

克井镇第一初级中学以“尊重”为学校文化核心，以“知书·达礼”为学生的形象设计，在文化行为上更加注重“讲规则”，倡导越规矩，越自主，越自由的价值观。学校在每一届学生的毕业典礼上都要通过不同的表达方式来阐释这样的价值理念，以保证活动在目标指向上与日常教育保持内在的一致性。因此，此篇讲话稿也是学校整体育人的一部分。讲话将尊重规则提升到维护国家正义的层面上，将国家命运与自己的命运，将民族传统与个人素质紧紧地联系起来，通篇贯穿了国家概念，并以通俗易懂，简洁明快的语言，有力地唤起了学生为国家服务的使命感、身为中华儿女的自豪感和努力改变社会的责任感。

张凤仙 商丘市睢阳区胜利小学校长

河南省首届名师、河南省学术带头人、中原名师、河南省中小学名校长。自2009年至今，为河南省骨干教师、国培教育培训等，做了关于《突出数学本质，彰显课堂生命力》《做最好的自己》《追寻教育的幸福》等40多场报告。

不负韶华，未来可期
——在六年级毕业典礼上的讲话

尊敬的各位老师，各位家长，亲爱的同学们：

大家好！

伴随着成长的喜悦，洋溢着收获的幸福，今天，我们相聚在这里，共同举行睢阳区胜利小学2020届毕业典礼，给孩子们的小学生涯画上一个圆满的句号。孩子们，这六年的小学生活有你自己的辛苦付出，有家长的用心陪伴，更有我们每一位老师的精心培育！在祝贺你们顺利毕业的同时，更要向每天辛苦陪伴你的家长表示最衷心的感谢！向精心培育你的各位老师致以最崇高的敬意！

孩子们，六年的小学时光，如白驹过隙。校长有太多太多的话想对你们说！请你们牢记：无论今后你们在哪里，你们的母校愿意成为你们成长路上最坚强的后盾，我们会站在你们转身就能看到的地方，只要你们需要，胜利小学永远是你们的家，胜利小学的老师永远是你们最亲的人！看着即将远行的你们，心中即使有万般的不舍，也要为你们的继续前行助力！在今天这个难忘的日子，我代表胜利小学的全体教师给孩子们送上五句话，表达母校对你们最殷切的期望和最衷心的祝福！

送上的第一句话，明代于谦《立春日感怀》中的两句诗：“一寸丹心图报国，两行清泪为思亲。”希望你们用一辈子的时间来感恩父母的养育之恩，不忘教师的教育之恩，同学的友爱之情。从小立志报效祖国，感恩祖国，要做一个有家国情怀的谦谦君子！树立远大理想，在建设我们伟大祖国的征程中，创造属于自己的精彩人生。

送给你们的第二句话，是出自晋朝陆机《赠顾交趾公真诗》中的两句诗：“远绩不辞小，立德不在大。”希望我们从日常生活中的点滴小事做起，时刻做到道德上的自省，学习上的自觉，生活上的自律，交往中的自尊，挫折中的自强。作为华夏炎黄子孙，要传承好中华民族优秀传统文化，传递好中国声音，讲好中国故事，做好中国人。

送给你们的第三句话，是出自苏轼的《和董传留别》中的两句诗：“粗缯大布裹生涯，腹有诗书气自华。”希望你们永远拥有读书的习惯和能力，只有读书才是你们进步的阶梯，只有读书才可以让你们的灵魂更加富有，只有读书才可以让你们有更多的选择，只有读书才可以让你们的人生更加亮丽！就让阅读成为你们人生成长之路上最美的风景，让读过的书成为你们身上最优雅的气质。

送给你们的第四句话，是出自清朝袁枚《苔》中的两句诗：“苔花如米小，也学牡丹开。”希望你们学习苔的坚韧与执着，学习它的乐观与向上！哪怕我们如米粒般微小，也要像美丽高贵的牡丹花一样，自信阳光地绽放，勇敢快乐地生长。

送给你们的第五句话，是出自老子《道德经》中的“上善若水，水善利万物而不争”。希望你们有水的谦逊，有奔流到海的追求，有海纳百川的气度，有滴水穿石的毅力，有泽被万物而不争名利的境界。既能带给他人温暖，又能带给万物生命的力量！最值得拥有的就是不计名利得失的高贵品质。请相信：爱出者爱返，福往者福来。你所做的功德，最终会积攒成你所有的福德！

同学们，你们是“中国梦”的实现者，你们是未来的中国之魂、民族之根。充满了无限可能的未来，等着你们去创造，用你们的学习，用你们的面对，用你们的担当，用你们的行动，从坚持善良做起，从遵守规则、诚信做人做起，将来成为家之骄傲，校之荣耀，国之栋梁！此时此刻也希望你能把母校 “博知正行 德高学明”的校训，深深刻在记忆里，希望你们无论走到哪里，都能成为受欢迎、有知识、有能力、有担当、有素养的人！愿你们走完遥远的求知路，归来仍是少年；愿你们有鸿鹄一样高远的志向，飞向人生的顶端；愿你们乘着母校成长的翅膀，带着感恩与敬畏，带着梦想与希望，带着责任与力量，走向再创神奇的远方！奏响人生又一曲辉煌的乐章！

最后，再次祝福在座的每一位家长朋友，祝福胜利的每一位老师，祝福即将走出胜利的每一位孩子，身体健康，万事如意！谢谢你们！

案例解析

因其是在毕业典礼这样一个分别时刻的讲话，所以具有特殊的教育意义。此稿有两大特点：

一是字里行间充满了对学生的热爱，感情真切动人。讲话中既有教育者的睿智，也有师者的谆谆教诲，既带领孩子回忆六年难忘的过往，又让孩子对美好未来充满憧憬，既有对孩子恋恋不舍的师生情，也有鼓励孩子大展宏图的豪情，又似一位母亲对儿女临行前的殷殷叮嘱，情深意长。

二是经典诗文的恰当运用，使得行文条理清晰、言简意赅。五句古典诗文的应用，既展示了校长个人的文化素养，也凸显了学校深厚的历史底蕴。要求孩子们从小事做起，拥有感恩之心，做读书上进、阳光自信、有道德有素养的人，彰显了高尚的育人情怀。

毛永红　长垣市市直实验小学校长

长垣市市直实验小学校长，中小学高级教师，河南省优质课一等奖获得者、河南省中小学名校长、河南省教育系统先进工作者、河南省优秀管理人才、河南省德育工作先进个人等。

做有专业尊严的老师
——在教师节上的讲话

每年的教师节，我们都会面对鲜花和掌声，都会听到孩子们稚嫩的声声祝福，就如同今天一样！此时此刻，我们会倍感责任重大！审视自己，我们只有做有专业尊严的教师，才能真正得到别人发自内心的尊重！也才能不负国家的重托，民族的期望。

何为专业尊严？就是一个人在处理问题的时候，使用的方法是科学的、具有专业性的，是行业外的人想不到和做不到的，这样就彰显了你的职业价值和尊严。而我们每一个人都是自己独特的存在，无论如何要先让自己“站立”起来——这是教师专业的真正灵魂，这也是对教师尊严的恪守。

怎样才能“站立”起来呢？在工作实践中我们就要从专业自信、专业技能、专业自我三方面来努力。

一、教师必须拥有自己独特的专业技能，进而才能有较强的专业自信

如何拥有教师的专业技能？一句话，研究教学。除此别无他路。而当下我们最需要做的是什么？刻苦读书＋实践反思。**梁实秋先生曾这样说：“读书**

永远不恨其晚，即使晚了，也比不读强。”一线教师经常抱怨没有时间读书，可以理解，但不能认同。“春困秋乏夏打盹，冬天不是读书天。”不想读书，四季都有理由。但是教师是职业读书人！读书就是最好的实践，读书就是最好的营养，读书是让我们拥有专业技能的捷径。

苏霍姆林斯基在《给教师的建议》一书中讲过这样一个例子：一位有着30多年教龄的历史教师在上课，所有听课的老师完全被抓住了、入迷了，课后有人请教这位名师这节课准备了多久，**他回答说：“为这节课我准备了一辈子。不过，对这个课题的直接准备只用了15分钟。”称职的教师一辈子都在积淀知识，更新他的知识结构，提升自己的专业技能。**

在工作中，我们还需要做到及时反思：反思自己有没有被功利的课题研究和论文所钳制？是否注重扎根于实践，认真做好反思？是否有了关于教科书以外的见解，并将之体现于驾驭课堂的独特魅力？是否认真对待每一次教研，每一次课堂教学练功比武？在处理学生问题时是否有武断、草草了事的心态？

…………

诸如此类的教育反思，我们虽然做不到“吾日三省吾身”，但这的确应该成为我们努力追求的反思方式。我们只有做到了反思—实践—再反思—再实践，才能让我们的教育“实践性知识”重新建构，这些也才是教师专业成长的核心，也是教师专业自我表现成熟的标志。

著名教育专家窦桂梅校长在年轻时，用6年的时间做了以下这些事：

1. 向书本学习：阅读量达300多万字，记下了20多万字的读书笔记，500多万字的文摘卡片。

2. 向实践学习：写下了10余万字的教学后记。

3. 向名师学习：听校内外1000多节课。

这就是榜样！只有这样，在经历磨炼之后，自己的专业技能才能有质的飞跃，掌握了过硬的专业技能，你才能拥有属于自己的专业自信！

二、专业自我的发展是实现一个教师真正的专业尊严的过程

何为专业自我？指教师独立的思想和人格！学生对你的喜欢程度就能判

别你是否做到了专业自我。**只有从内心深处实现“自我”的教师，才会以积极的方式看待自己，能够准确地、现实地领悟自己的水平和境界。对从事的专业具有自我满足感、自我信赖感、自我价值感，从而表现出对专业当仁不让的意识和信心。**而这些，无疑会给学生带来更为积极有益的，甚至是浸润一生的影响。每一个教师专业自我的发展过程，就是实现一个教师真正专业尊严的过程。只有如此，才会给自己从教的领域，甚至给国家的教育带来真正的、崭新的希望。

作为一名新时代的人民教师，我们不管年龄大小，不管任教的时间长短，如果你的感觉始终是在路上，那你教师的角色就与众不同。一片原野之所以美丽，是因为那里的小河清澈悠远，那里的花草美丽茂盛。如果你这条小河水草丰美、落英缤纷，那么面对学生的各种问题，面对学生说出的各种不着边际的话语，就能凭着自己的知识储备，成为学生精神世界的点拨者、文学知识的领路人。所以，**比教育方法更重要的是自身的修养，以及自己所能达到的专业自我。**

教师应该成为大写的人，应该有大胸怀、大境界、大精神！**一个教师能走多远，他的学生就能走多远。要想做到这一点，我们就应当努力做一名有专业尊严的教师，时时处处为孩子着想，用自己的智慧让每一名孩子快乐成长，为他们的幸福人生奠基！**

案例解析

适逢教师节，面对鲜花和掌声，面对孩子们的声声祝福，面对各位家长的殷殷期望，我们不禁反思，自己的从教行为是否满足了他们的需求？作为一名新时代的人民教师，我们究竟应该怎样做才能得到他人发自内心的尊重？本篇文章，主题鲜明，结构清晰。文章从专业自信、专业技能、专业自我三方面来解读如何能够做到有专业尊严。只有拥有自己独特的专业技能，进而才能有较强的专业自信，从而达到专业自我，做到有专业尊严。

杨文普 南阳市一中校长

河南省特级教师，中学正高级教师，河南省首批十大中原名师，河南省首批名校长，河南大学、陕西师范大学特聘教授，河南师范大学硕士生导师，享受国务院特殊津贴专家，国家“万人计划”教学名师。

特殊备考，律者必胜
——给高三学生的讲话

亲爱的同学们：

今天，我想用一个“律”字谈谈我的看法：那就是尊重“规律”，坚持“自律”。

首先，我要告诉大家的是：生命不是第一，而是唯一。因为生命只有一次，没有如果。疫情期间，华中师大教工宿舍位于疫情重灾区，但小区 1766 位住户无一感染，被称为“武汉最牛小区”。原因何在？网友给出了答案：一群高知分子，明事理，知轻重，有自觉。他们用自己的品质和修养，守住了毒魔区域中的一片净土。

其次，我要告诉大家的是：学习是学生最大的使命，坚持才会成功。

学习是世界上最公平的事情。你可以花钱让人帮你购物，却无法花钱让人替你记忆；你可以花钱去请家教，却无法花钱让人在考场上替你思考。所有的成功都是扛起常人熬不了的苦之后取得的。

清华大学附近有个粥店，我每次到京，只要有空都会特意去吃顿饭，并不是因为这个店的粥特别香，而是我喜欢店外那幅富有哲理的标语——**“成**

功都是熬出来的”。是的，成功必须心无旁骛，耐住煎熬。不要去追一匹马，用追马的时间用心种草，待到春暖花开时，就会有一批马任你挑选。

再次，怎样才能高效学习呢？我想强调四点：

一是要重视自学。能通过课本自己“学会”，千万别去依赖“听会”，自己悟出的东西才是你的看家本领，“听会”的知识永远是你高考的“软肋”和“痛点”，接受快，遗忘也快。毛泽东当年在湖南省立第一中学仅读了半年书就毅然退学，寄居湘乡会馆，每天到图书馆自学。为什么？因为他发现这所学校的课程太浅，内容陈旧，不如深度自学高效。这种自主学习、独立思考的习惯一直伴随伟人终生，我们从他读过的各类书籍上做的批注可见一斑。

二是不要过多欣赏成功，而要认真研究失败。首先要认真研究别人的失败，在作业互批中下功夫。其次要认真研究自己的失败，闻过则喜，在强化错题训练上下功夫，把错题当“亲人”。这在饮食上叫自助餐，在养生上叫缺啥补啥，在医学上叫对症下药，在防疫上就是重点救治，在国策上可谓精准扶贫。只有“傻瓜”才去“眉毛胡子”一把抓。

三是注重反思总结，理清知识间“亲亲疏疏”的关系。每天无论多忙，都别忘了构建和完善当天的思维导图，这有利于进一步理清知识之间的区别和联系，更有利于把零碎的每道题上升为每类题的解题规律，必须养成习惯。公共自习要把主要精力放在这个方面，重点攻克你的弱科和薄弱知识点。人生需要扬长，高考却需补短，因为高考是按总分录取的，这里蕴含着你最大的提分空间。

四是科学休息，调整心态。高考考的不仅是勤奋和方法，还是身体和精神。学习中“假勤奋”的现象比比皆是，夜里挑灯大战，白天伏案大睡。“头悬梁，锥刺股”曾激励了许多人，成就了个别人，却坑骗了无数人。我所强调的坚持，是尊重规律的坚持，是讲究科学方法前提下的坚持。千万不要过度熬夜，要把生物钟调整到和高考的时间一致。切记：高考从来都不是在夜间进行的，要确保白天头脑清醒，最终把身心调整到最佳状态，松紧适度，举重若轻。

同学们，我们中华民族历史上历经很多磨难，但从来没有被压垮过，而是愈挫愈勇。基辛格曾说："中国人，总是被他们之中最勇敢的人保护得很好。"今天，有人在全力守护着中国、守护着我们，明天这个接力棒会传到你们手中，传到每一位南中学子手中。**到那时，你怎么样，中国便怎么样；你是什么，中国便是什么；你有光明，中国便不会黑暗！**你该如何为自己光荣而沉甸甸的责任做好准备？希望同学们把疫情和灾难当成教材，悟透疫情"大考"，必胜高考"小考"！

同学们，越到最后越需自律，行百里者半九十，万不可有丝毫麻痹。希望你们不忘初心，勤勉学习，不负韶华。

案例解析

今年，一场突来的疫情席卷全国，可以说是路断人稀、万民恐慌，所有师生均未能按时返校。如何引导学生做好自我防护，同时居家进行高效学习是件非常紧迫的事情。这次讲话就是在这样的背景下发出的。

这次讲话的最大亮点是从学生角度出发，饱含亲情，一反励志"套路"，紧紧抓住了自律和生命的关系，自律和学习的关系，以及生命和使命的关系。同时，针对学生居家学习不够自信的特点，又特别强调了自己学"会"和依赖听"会"的区别，读后令人信心满满，是一篇既讲"道"又讲"术"的好文章。

黎革霞 安阳市九府幼儿园园长

中小学高级教师。从教35年，担任党支部书记、园长24年，先后荣获“河南省优秀教育工作者”“河南省幼儿园名园长”“河南省幼儿园名师”“河南省幼儿教育专家”“河南省学术技术带头人”“安阳市首届名园长”等荣誉。

拥抱健康，让生命因善的教育而灿烂
——在全体教师会上的讲话

各位老师：

对于教育的首要问题，习总书记提出要树立“健康第一”的教育理念。健康是指一个人在身体、精神和社会等方面都处于良好的状态。对于幼儿园来说，我们希望老师和幼儿安全健康，精神状态积极向上。

我园将“健康教育”作为办园特色，分别从环境、课程、师资、幼儿、家园等五个方面落实。幼儿园建立了包含健康体魄、健康自护、健康心理、健康环境、健康审美、健康饮食、健康习惯等的教育体系，融入幼儿园教学、教研、培训、后勤管理等各个方面。幼儿健康既是幼儿身心和谐发展的结果，也是幼儿身心充分发展的前提。

基于园本特色课程的健康教育，既满足了幼儿全面和谐发展的需要，又能为幼儿个性化发展提供平台。我园推进“明厨亮灶”工程，对食堂实行透明化监管。食堂工作的每一个环节都可以实时监控，食品管理、加工都晒在阳光下，力求把安全工作做细做实，切实把好食品安全关。我园健康饮食四季食谱“春季补钙促生长”“夏季消暑促食欲”“秋季润燥养脾胃”“冬季抗寒强体质”，让孩子们在幼儿园里吃得健康，吃得营养，保障了孩子们舌尖上的安全。

社会主义核心价值观有一个很重要的内容——友善。**“善”是中国传统文化中重要的特质，有着特有的价值。“向善”是培养道德情操的基础，指引孩子追求幸福的人生。“善文化”既是传承传统人文美德的需要，也是弘扬时代精神、引领道德价值取向、创新园所管理的需要。**我园“以文化人”“以行育人”，从环境的创设、氛围的营造、理念的宣传入手，通过学习、引领、实践、示范等让老师和幼儿接受熏陶、浸润心灵，培养积极乐观、善良仁爱、团结向上的教职工团队，培育懂得感恩、身心健康、习惯良好、快乐自信的幼儿，为他们的人生发展奠定良好的基础。

办精细教育，建精致校园。细节彰显品质，品格引领卓越。我园围绕“精”字做文章，以细节为抓手，发扬匠心精神和韧劲，以精细管理实现精心育人，力求为每一个孩子奠定精彩人生的基础。新时代倡导的匠人精神就蕴含精雕细琢、精益求精之意，作为幼教工作者，要成为一个“独具匠心”的“匠人”，就要始终保持爱心、耐心与恒心，慢慢打磨自己，相信“吹尽黄沙始见金”。

我们都想做一名幸福的教师。怎样才是幸福？幸福一定是奋斗出来的。新时代是奋斗者的时代，只有奋斗的人生才称得上幸福的人生。奋斗已成为新时代中国人的精神气质，奋斗者是精神最为富足的人，也是最懂得幸福、最享受幸福的人。幼教工作者一起拼搏、一起奋斗，创造和守护着幼儿的幸福生活。当怀着美好的初心走进幼教的天地，每一个人就是一把泥土，无数泥土聚集，成就一座山峰，这样的山峰，可以影响幼教行业发展方向，决定幼教行业发展速度；每一个人就是一点微火，无数微火汇聚，成就一把火炬，这样的火炬，可以照亮每一个幼教人，点亮幸福的幼儿教育奋斗梦想。

幸福是奋斗出来的，这句话，也应该告诉我们的孩子。现在很多孩子，生活基本上没有负担，他们从小生活在没有物质压力的环境下，强调快乐，不太懂奋斗和努力。可以告诉他们，奋斗赢得未来！将来的幸福生活要靠自己奋斗去获得，付出努力才能收获快乐！

案例解析

教师的使命是带着教育的理想做理想的教育。要始终不忘教育初心，牢记育人使命。

这篇讲话站在幼教前沿阐述了教育思想，展现了教育愿景，彰显了幼教工作者的教育情怀，饱含深情，内涵深邃，引人共鸣，催人奋进，展示了幼教人努力办好人民满意的教育、敢于担当、乐观向上的精神风貌，提出了新时代幼教工作者的时代使命。讲话既源于高品质办园的生动实践，又能指导实践、推动实践。

卢耀旭 息县第一小学校长

河南省第三批名校长，河南省优秀教育工作者，河南省优秀教育管理人才，河南省骨干教师。研究的课题“农村小学科学学具的开发与应用研究”获河南省教育厅教育教学优秀成果一等奖。

亲近大自然，首先要读懂大自然的语言
——在一小少先队员考察濮公山地质公园时的讲话

少先队员们：

濮公山区域曾经是息县自然风光宜人、生态环境优美的福地，在几代息县人心目中留下了最为美好的回忆。昔日，这里淮水环绕，云蒸霞蔚，青山倒映，浮光耀金，亦名浮光山。相传唐朝时，有一名叫濮公的道人隐居此山，采药炼丹，悬壶济世，其德行为民众所景仰，后人为了纪念他，遂将此山改名为濮公山。

千百年来，农历三月三濮公山庙会热闹非凡，方圆数百里的人们都赶来进香祈愿，往来者熙熙攘攘。北宋著名文学家苏东坡途经息县，游览了濮公山，挥毫泼墨写下了“东南第一峰”的题字。从此，“东南第一峰”使濮公山名扬天下，这就是今天我们看到的地质公园的前身。

如今，由于多年来矿山被无序开采，河沙被肆意滥采，昔日秀美的青山绿水变成了支离破碎的穷山恶水，生态环境严重恶化，水源污染了，良田毁坏了，空气浑浊了，道路损毁了，群众受苦了。我们看看这周围的深坑，再看看这周围的土地，要想恢复从前的模样，据专家估算，需要花费的资金是我们开掘矿石获利的几十倍。习近平总书记说，绿水青山就是金山银山！我

们要记住前辈的教训，不能再走无节制地从大自然中牟取私利的老路，要给我们的后代留下绿水青山。

少先队员们！今天，我们来考察濮公山地质公园，是走近了大自然，亲近大自然，首先要读懂大自然的语言，这些语言是我们课本里学不到的，要靠我们自己去跟大自然对话。我们不仅要用眼睛来观察，还要开动脑筋去思考，为什么我们的前辈要挖掘这里的山石，用我们在科学课上学到的知识来进行实验，研究濮公山山石的成分，去采访过去息县石灰厂的工人。我们还要善于利用学习工具帮助我们开展研究，网络如果用在学习上，就是我们的无敌字典，它比我们任何字典内容都丰富！我们可以上网查找“息石灰”的作用，了解“息石灰”的由来。今后，我们一小人，不要沉溺于网络游戏，要用好网上资源，让它为我们的学习助力！

少先队员们！今天，我们来考察濮公山地质公园，要读懂大自然的语言，我们从科学与语文课文中学习过“化石”，知道化石是探究大自然的无价之宝。濮公山地质公园有许多断石，我们可以通过望远镜来观察地质公园石壁断面的层次，从它的颜色、形状、颗粒等考察它生成的时代，通过请教老师或上网，搜集不同时代岩石的特征，了解地层结构。

少先队员们！你们是一小的希望，更是一小的未来！大自然是人类生存的基础，热爱大自然，亲近大自然，首先要掌握与大自然对话的本领，我们考察濮公山地质公园，是我们在利用自己的学识来认识大自然。其实，大自然有很多奥秘需要我们去发现，濮公山地质公园也有很多奥秘我们没有发现，今后，我们要努力学习，用自己的智慧去发现，用自己的劳动去创造未来！

案例解析

这篇演讲，从指导学生研究方法入手，如用望远镜观察矿石，引导学生上网查找资料，采访相关人员，考察地质公园的环境，让学生自己去研究。

“亲近大自然，首先要读懂大自然的语言。”这句话具有较深的思想内涵；“绿水青山就是金山银山”是向学生传播社会发展的先进理念，因为生态环境是人类赖以生存的基础。“我们考察濮公山地质公园，是我们在利用自己的学识来认识大自然。”这句话突出了本次考察的目的，也揭示了学生研究的课题。